19.09.05

Langenscheidt

Basic Training Business English

Bewerbung und Vorstellung

von Georgina Hodge

Langenscheidt

Berlin · München · Wien · Zürich · New York

Autorin: Georgina Hodge
Cover-Design: Independent Medien-Design
Redaktion: Lutz Walther; Rory Bridson

Hinweis: Alle Namen und Personen, die im Text als Beispiel vorkommen, sind frei erfunden. Eventuelle Ähnlichkeiten mit existierenden Personen und Unternehmen sind unbeabsichtigt und rein zufällig.

AE	amerikanisches Englisch
BE	britisches Englisch
F	formell
IF	informell; umgangssprachlich
s.o.	*someone* jemand
s.o's	*someone's* jemandes
s.th.	*something* etwas
j-m	jemandem
j-n	jemanden
j-s	jemandes
pl	Plural

Umwelthinweis:
Gedruckt auf chlorfrei gebleichtem Papier

Druck: Druckhaus Langenscheidt, Berlin

Printed in Germany
ISBN 3-468-42484-1
www.langenscheidt.de

1. 2. 3. 4. 5. 09 08 07 06 05

Inhalt

Vorwort

Die Reihe **Basic Training Business English** wurde speziell für Berufstätige entwickelt, die die wichtigsten Redewendungen und Vokabeln rasch wiederauffrischen oder nachschlagen möchten.
Auf den folgenden Seiten finden Sie die wichtigsten Redewendungen und Vokabeln, nach Themen und Anwendungssituationen sortiert. Die gewünschten Redewendungen sind so gezielt und problemlos auffindbar. Das Grundrepertoire, das Sie für eine effektive, höfliche und sprachlich korrekte Kommunikation in der Fremdsprache brauchen, wird bereitgestellt.

Der Inhalt ist übersichtlich und modular strukturiert. Die einzelnen Unterkapitel enthalten die folgenden Elemente:

Phrases: Nach gängigen Businesssituationen sortiert finden Sie hier die wichtigsten Redewendungen für die Bewerbung und Vorstellung auf Englisch.
Grammar: Ausgewählte Grammatikthemen, die deutschen Lernern erfahrungsgemäß Schwierigkeiten bereiten, sind hier mit Anwendungsbeispielen knapp und präzise erklärt.
Info: Praktische Tipps zu Businessetikette und interkulturellen Unterschieden, zur Idiomatik und zu *false friends*. Zusätzliche Hinweise auf Unterschiede zwischen dem amerikanischen *(AE)* und dem britischen Englisch *(BE)* bzw. formellem *(F)* und informellem *(IF)* Sprachgebrauch sichern das sprachliche Know-how.
Example: Ausgewählte Dialogbeispiele und Mustertexte zeigen Business Englisch in Aktion.
Quick test und ***Checkpoint:*** Abwechslungsreiche Übungen und Zwischentests dienen der Überprüfung der Sprachkenntnisse und der Vertiefung der Redewendungen.
Vocabulary: Hier finden Sie das Vokabular zu jeder Einheit inklusive wichtiger Business-Englisch-Zusatzbegriffe alphabetisch aufgelistet.
Lösungsschlüssel: Die Lösungen aller Quicktests und Checkpoints finden Sie im Anhang auf Seite 93ff.

1 Erste Kontakte knüpfen
Making the first contacts

1.1 Allgemeine Fragen zu Tätigkeiten
Asking questions about jobs

Bevor Sie Ihre alte Stellung aufgeben und an eine förmliche Bewerbung bei einer neuen Firma denken, sollten Sie sich über Firmen und Arbeitsprofile im Allgemeinen informieren und mit Arbeitskollegen oder Bekannten unterhalten.

Phrases

Was machen Sie beruflich?/ Was arbeiten Sie?	**What do you do (for a living)? *(F)***
Welche Stellung nehmen Sie in der Firma ein?	**What is your position in the company? *(F)***
Was sind Sie/bist du von Beruf?	**What's your job? *(IF)* What's your profession?**
Wie heißt die Firma?	**What's the name of the company/firm?**
Und du? Was machst du?	**How about you? What do you do? *(IF)***
In welchem Unternehmen arbeitest du?	**Who do you work for? *(IF)***
In welchem Geschäftszweig sind Sie tätig?	**What line of business are you in?**
Welche Tätigkeiten umfasst Ihr Job genau?	**What does your job involve, exactly?**
Was ist Ihre Berufsbezeichnung?	**What's your job title?**
Was stellt Ihre Firma her?/ Was produziert Ihre Firma?	**What does your company manufacture/produce?**
Ist diese Firma ein guter Arbeitgeber?	**Is it a good company to work for?**
Wie viele Angestellte hat diese Firma?	**How many employees work for this company?**

Wie sind die Aufstiegschancen?	**What are the career prospects like?**
Gibt es freie Stellen in der Marketingabteilung?	**Are there any vacancies in the marketing department?**
Wie heißt der Abteilungsleiter?	**What's the name of the head of department?**
Ist das eine internationale Organisation?	**Is it an international organisation?**
Arbeiten Sie freiberuflich?	**Do you work freelance?**
Sind Sie selbstständig?	**Are you self-employed?**

Info ***False Friends:*** Die Wörter **job** und **work** werden oft verwechselt. Zwar können beide als Substantiv gebraucht werden: **I've got a job as a media assistant with CRV.** Oder: **I've got a lot of work at the moment,** doch wird **job** normalerweise *nicht* als Verb verwendet. Wenn Sie sagen wollen: *„Ich jobbe gerade in einem Restaurant"*, dann sagen Sie: **"I'm doing some casual work/I'm working for a restaurant at the moment."** Die Formulierung "I'm jobbing ..." würden die meisten Muttersprachler nicht verwenden.

Grammar ***Have got :*** **have got** *(haben)* entspricht **to have** und wird gleich verwendet. In der gesprochenen Sprache ist es üblich, **have got** anstatt **to have** zu gebrauchen:

I've got a good sense of humour.

I've got an appointment this afternoon.

Vocabulary

Abteilung	**department**	arbeitslos	**unemployed**
Abteilungs-leiter/in	**head of department**	Aufstiegs-chancen	**career prospects**
Arbeitgeber/in	**employer**	Berufsbe-zeichnung	**job title**
Arbeitnehmer/innen; Mitarbeiter	**employees**	berufstätig	**employed**

Betrieb; Firma	**company; firm**	jobben	**to do casual work**
Digitaltechnologie	**digital technology (DT)**	Marketingabteilung	**marketing department**
freiberuflich	**freelance**	Medienassistent/in	**media assistant**
freie Stelle	**vacancy; opening**	Öffentlichkeitsarbeit; PR	**PR (Public Relations)**
Freut mich sehr, Sie kennen zu lernen. *(Bei der Vorstellung)*	**Pleased to meet you.**	Personal	**staff**
gelegentlich; unregelmäßig	**casual**	Personalchef/in	**Personnel Manager *(BE)***
Geschäftsbereich	**line of business**	Personalleiter/in	**Human Resources Manager**
Geschäftsführer/in	**MD (Managing Director) *(BE)*; CEO (Chief Executive Officer)**	Position; Stelle	**position**
herstellen	**to manufacture**	selbstständig	**self-employed**
Informationstechnologie	**information technology (IT)**	Stelle; Anstellung	**employment**
		vertreiben; auf den Markt bringen *(Produkt)*	**to market *(a product)***

Example

Zwei ehemalige Kollegen begegnen sich zufällig auf einer Handelsmesse wieder:

Harry Redford: Hello, Paul. What are you doing here?

Paul Meister: Harry, ...Harry Redford! What a surprise! I'm here marketing a new product.

Harry Redford: What line of business are you in now?

Paul Meister: Digital technology – cameras, mainly. How about you?

Harry Redford: I'm in office sales but I'm looking for a change of direction.

Paul Meister: You should try DT. It is the place to be and it pays well.

Quick test 1.1

Jetzt sind Sie dran. Sie sind auf einer Party und treffen Ihre alte Freundin Kate. Fragen Sie Kate nach Ihrer Arbeit.

You: Hi there, Kate. How are you?

Kate: Hello. I'm fine. Just got a new job, actually.

(Und was machst du beruflich?)

You: **a)** ....

Kate: I work in PR.

(Ist es ein interessanter Job?)

You: **b)** ....

Kate: Yes, it's really interesting because I meet lots of people, sometimes famous ones.

(Arbeitest du freiberuflich?)

You: **c)** ....

Kate: No, I work for a firm in the West End.

(Ist es eine internationale Organisation?)

You: **d)** ....

Kate: No, not yet. We just work within the UK.

→ (Lösungsvorschläge siehe S. 93.)

1.2 Erste Erkundigungen am Arbeitsmarkt
Finding out about the job market

Bevor Sie sich um eine neue Stelle bewerben, sollten Sie das avisierte Arbeitsfeld erkunden, sich vorstellen und beschreiben können, in welche Richtung Sie tätig werden möchten und Kontakte mit „nützlichen" Personen knüpfen. Man nennt es: *networking*.

Phrases

Mein Name ist ... Ich bin Softwareingenieur bei ...	**My name's ... I'm a software engineer for ...**
Gern geschehen!/Keine Ursache!	**You're welcome!**
Ich möchte wirklich gern im technischen Bereich des Unternehmens einsteigen.	**I'd really like to get into the technical side of the business.**
Gegen eine solche Arbeit hätte ich nichts einzuwenden.	**I wouldn't mind doing that kind of work.**
Sie sind also in der verarbeitenden Industrie tätig?	**So you work in the manufacturing industry?**
Ich bin für den Einkauf und die Wartung von Informationssystemen zuständig.	**I'm responsible for the purchase and maintenance of information systems.**
Gibt es freie Stellen für die richtigen Leute?	**Are there any openings for the right people?**
Es ist eine Herausforderung, in einem Wachstumsmarkt wie der Telekommunikation zu arbeiten.	**It is challenging to work in a growth market like telecommunications.**
Ich arbeite in einer großen Firma mit über fünfhundert Angestellten.	**I work in a big company with over five hundred employees.**
Ich bin für Marketing und Werbung zuständig.	**I'm in charge of marketing and advertising.**
Könnten Sie mir eine Kontaktnummer geben?	**Could you give me a contact number?**

Könnten Sie mir die Adresse Ihrer Hauptgeschäftsstelle geben?	**Could you give me the address of your headquarters?**
Unsere Zentrale ist in London, 50 Mapletree Avenue, London Docklands E14 1AA, The Reynold's Building, 5. Stock.	**Our head office is in London, 50 Mapletree Avenue, London Docklands E14 1AA, The Reynold's Building, fifth floor.**
Hier ist meine Visitenkarte.	**Here's my business card.**
Besuchen Sie unsere Homepage unter ...	**Check out our home page on ...**

→ siehe auch 1.4 Namen u. Adressen am Telefon austauschen, S. 19ff.

Info ***Adressen:*** Wie Sie bestimmt bemerkt haben, ist die Reihenfolge der Adresse in Großbritannien und den USA anders: In den USA kommt zuerst der Name einer Person oder Firma, dann Hausnummer, Straße, Stadt, Bundesstaat (als Abkürzung) und zum Schluss die Postleitzahl und das Land, z.B. **Jack Phillips, 6734 Ocean Drive, Richmond, CA, 93404, U.S.A.** In England sieht es so aus: Name, Hausnummer, Straße, Stadtteil (in Großstädten), Stadt, (manchmal die Grafschaft) und dann die Postleitzahl und UK, z.B. **Martha Jackson, 12 Blackberry Avenue, Warrington, Cheshire WA3 5AX, UK.** In Großbritannien sind die Postleitzahlen eine Mischung aus Buchstaben und Nummern. In den USA besteht sie nur aus Ziffern.

Grammar ***Contracted forms:*** *Zusammengezogene Formen* wie **she's, he'd** und **isn't, hasn't** oder **can't**, die beim Sprechen häufig verwendet werden, werden in der Schriftsprache ausgeschrieben. Dies gilt für das apostrophierte **'s**, das sowohl für **is** als auch für **has** stehen kann **(she's = she is** oder **she has)**, für das apostrophierte **'d,** das für **had** oder **would** steht **(he'd = he had** oder **he would)**, sowie für alle Verneinungen mit **n't = not (isn't = is not, hasn't = has not, can't = cannot).** Hier ein paar Beispiele:

She's **(has)** got two appointments on Thursday.

She's **(is)** in Seattle on Thursday.

I'd **(would)** really like to get into the the business.

I thought he'd **(had)** read that article.

Vocabulary

AG (Aktiengesellschaft)	**plc *(Public Limited Company)***
Annonce; Stellenanzeige; Inserat	**(job) advertisement, advert *(BE)*; job ad *(AE)***
Bürochef	**chief clerk**
Chef/in; Vorgesetze/r	**boss *(IF)*; manager *(F)***
Einkauf; Ankauf	**purchase**
gelegen sein in; seinen Sitz haben in	**to be based/ located in**
GmbH (Gesellschaft mit beschränkter Haftung)	**Ltd *(Limited Liability Company)***
Hauptgeschäftsstelle, Zentrale; Hauptsitz	**Head Office *(BE)*; HQ (Headquarters)**
Herausforderung	**challenge**
in Kontakt bleiben	**to be/stay in touch**
Kontakt aufnehmen zu *j-m*; sich mit *j-m* in Verbindung setzen	**to contact *s.o.***
Kontaktnummer/-adresse	**contact number/ address**
Kontaktpflege	**networking**
Postleitzahl	**postcode *(BE)*; zip code *(AE)***
Softwareingenieur	**software engineer**
verantwortlich für *etwas* sein	**to be responsible for *s.th.***
verarbeitende Industrie	**manufacturing industry**
Visitenkarte	**business card**
Wachstumsmarkt	**growth market**
Wartung; Aufrechterhaltung	**maintenance**
Werbung; Werbebranche	**advertising**
zuständig sein für *etwas*	**to be in charge of *s.th.***

Quick test 1.2

Nun sind Sie dran. Ergänzen Sie den Dialog mit Gary gemäß den Anweisungen.

Gary: Pleased to meet you. What type of business are you in?

You: *(Sie arbeiten als Verkaufsassistent für eine Catering Firma in München.)*

a) ....

Gary: Is the company you work for based in Munich then?

You: *(Nein. Es ist eine italienische Firma mit Sitz in Mailand.)*

b) ....

Gary: Are you responsible for sales within Germany?

You: *(Nein. Sie sind für den Verkauf in Großbritannien zuständig.)*

c) ....

Gary: That's interesting. How can I contact you?

You: *(Bieten Sie ihm Ihre Geschäftskarte an und fragen Sie ihn nach seiner.)*

d) ....

Gary: Thanks very much. I'll be in touch.

You: *(Erwidern Sie seine Antwort in der Hoffnung, bald von ihm zu hören.)*

e) ....

→ (Lösungsvorschläge siehe S. 93.)

1.3 Kontaktaufnahme mit der Personalabteilung
Contacting the Personnel Department

Wenn Sie eine Kontaktadresse haben, können Sie sich mit der Firma, die eine Stelle ausgeschrieben hat, direkt in Verbindung setzen und ein paar gezielte Fragen stellen. Unmöglich? Kein Problem, wenn Sie sich auf ein paar Kernfragen beschränken.

Muster: Stellenanzeige

Assistant Sales Manager

We are a well-known international telecommunications company based in the UK but seeking to expand our European sales force in Germany and Spain.

We are looking for lively and intelligent people to join our teams based in Munich and Madrid as soon as possible.

The work will involve expanding our sales within the German and Spanish markets by negotiating contracts with new customers and developing your own sales networks. There will be considerable travel involved and you will need to be able to correspond with our overseas clients and other sales agents on a regular basis.

Applicants must be able to communicate in English at all levels and be fluent in either German or Spanish and preferably another European language. Some sales experience would be an asset but we will provide a hands-on training course.

The successful candidates will be paid top London rates* and be provided with generous relocation expenses. Starting salary and company benefits will depend on age and experience of the candidates.

Please send your application and up-to-date CV to Mr Thomas Daniels, Human Resources Manager, TEC International, 121 Marlborough Street, London SW12 5AZ. Closing date for applications: November 15th. (Ref: SALM15)

***London-weighting** (Londoner Zuschuss) ist eine Gehaltszulage, die viele Unternehmen in der Privatwirtschaft und im öffentlichen Dienst anbieten, da die Mieten und Lebenshaltungskosten in London extrem hoch sind.

Phrases

Erste Fragen zur Stellenausschreibung	***Making enquiries about a job advertisement***
Was für Leute suchen Sie?	**What kind of people are you looking for?**
Welche Erfahrungen und Fähigkeiten brauche ich für diese Arbeit?	**What kind of experience and skills do I need for this position?**
Wo ist der Hauptsitz des Unternehmens?	**Where is the company based?/ Where are the company headquarters?**
Brauche ich irgendwelche Fremdsprachenkenntnisse?	**Do I need to be able to speak any foreign languages?**
Werden damit Geschäftsreisen verbunden sein?	**Will there be any travel involved?**
Wie viele offene Stellen gibt es?	**How many posts are available?**
Wann ist der Stichtag für Bewerbungen?	**When is the closing date for applications?**
Muss ich Referenzen beifügen?	**Do I need to include referees?**
Welche Arbeitszeugnisse sind wichtig?	**Which job references are relevant?**
Steige ich mit diesem Job eine Stufe höher auf meiner Karriereleiter?	**Is this job a step up the career ladder for me?**
Was sollte ich über das Unternehmen und seine Geschäfte wissen, bevor ich mich bewerbe?	**What should I know about the company and the business before I apply?**
Ist es ein bürogebundener Job oder werden eine Menge Reisen damit verbunden sein?	**Is it an office-based job or is there a lot of travel involved?**
Kontaktaufnahme mit der Personalabteilung:	***Contacting the Personnel Department:***
Guten Morgen. Könnte ich bitte mit Herrn Daniels sprechen?	**Good morning. Could I speak to Mr Thomas Daniels, please?**

Hier spricht Christine Bäcker.	**This is Christine Bäcker speaking.**
Könnten Sie mich bitte mit ... verbinden?	**Could you put me through to ...**
... der Personalabteilung ...	**.. the personnel department, please?**
... dem zuständigen Sachbearbeiter für die Stellenausschreibungen ...	**... the person responsible for job advertisements, please?**
Kann ich eine Nachricht hinterlassen?	**Can I leave a message?**
Kein Problem. Ich rufe später noch mal an.	**Don't worry. I'll call back later.**
Ich rufe wegen der Annonce in der heutigen *Times* an.	**I'm calling about the job advertisement in today's *Times* newspaper.**
Ich interessiere mich für ... ... die Vertriebsstelle in Madrid. ... die PR-Stelle mit guten Aufstiegschancen. ... die offene Stelle für Fremdsprachen-Sekretärinnen.	**I'm interested in ...** **... the sales position in Madrid.** **... the PR job with good prospects.** **... the vacancy for bilingual secretaries**
Könnte ich vielleicht mit jemandem ... sprechen? ... in der Herstellung ... ... im Kundendienst ... ... in der Verwaltung ...	**Could I perhaps talk to somebody ...** **... in production?** **... in customer services?** **... in the administration department?**
Könnten Sie das bitte noch einmal wiederholen?	**Could you repeat that, please?**
Könnten Sie mir bitte etwas Informationsmaterial oder Broschüren über Ihre Firma zuschicken?	**Could you send me some information or brochures about your company, please?**
Haben Sie eine Internetseite, die ich konsultieren kann?	**Have you got a web site that I could consult?**

→ Siehe dazu auch 1.4 Namen und Adressen am Telefon austauschen, S. 19ff. und 2.1 Die Initiativbewerbung, S. 23ff.

Info ***Höflichkeit:*** **I'd like to (I would like to) …** und **Could I …** sind Höflichkeitsformen ähnlich den deutschen Floskeln *Ich hätte/möchte gerne …* oder *Könnte ich bitte …*, die in Fragen und Bitten verwendet werden. Sie mögen etwas steif und förmlich klingen, gelten aber gerade in der Geschäftswelt als korrekt und freundlich:

Could I speak to his secretary then, please?

I'd like to leave a message for …

Vocabulary

abhängig sein von	**to depend on**
aktuell; derzeitig	**up-to-date; current(ly)**
Anfangstermin	**starting date**
Anfrage; Erkundigung	**enquiry *(BE)*; inquiry *(AE)***
anrufen, wegen	**to call about *s.th.***
Arbeitsbeschreibung	**job description**
Assistent der Verkaufs-/Vertriebsleitung	**assistant sales manager**
Begleitschreiben	**covering letter**
beitreten; Stellung antreten	**to join**
(Berufs-) aussichten	**(job) prospects**
besetzt	**engaged *(BE)*; busy *(AE)***
beträchtlich; erheblich	**considerable**
Bewerber	**applicant**
Bewerbungsschreiben	**letter of application**
Broschüre	**brochure**
buchstabieren	**to spell**
bürogebunden	**office-based; office-bound**
Durchwahl	**extension (number)**
dynamisch	**lively; dynamic**
eine Nachricht hinterlassen	**to leave a message**
Einsendeschluss; Abgabetermin	**closing date**
Empfangsperson	**receptionist**
entwickeln	**to develop**
erfahren	**experienced**
erreichen	**to reach; to get through**
Fähigkeiten	**skills**
fließend	**fluent**

Fremdsprache	**foreign language**
Fremdsprachen-sekretär/in	**bilingual secretary**
gebührenfreie Nummer	**free phone number**
Gehalt	**salary**
Handy	**mobile phone *(BE)*; cell phone *(AE)***
Informations-material	**information pack**
Internetadresse	**web page; home page**
Internetseite	**web site**
Karriereleiter	**career ladder**
Kunde/in	**customer**
Kündigungs-frist	**period of notice**
Lebenslauf	**CV (curricu-lum vitae) *(BE)*; résumé *(AE)***
Leistungen; Zuschüsse	**benefits**
nachschauen; konsultieren	**to consult**
Niveau	**level**
Personal-abteilung	**personnel department**
praktisch	**hands-on; practical**
Produktpalette	**product range**
Qualifikationen	**qualifications**
Referenz	**referee *(BE)***
sprechen, mit *j-m*	**to speak to *s.o.***
Tarif; Rate; Kurs	**rate**
Telefonist/in	**telephonist**
überseeisch; ausländisch	**overseas**
Umzugskosten	**relocation expenses**
verbinden, *j-n (am Telefon)*	**to put *s.o.* through**
verbreitern; vergrößern	**to expand**
verfügbar	**available**
verhandeln	**to negotiate**
Verkäufer/in	**salesman, saleswoman**
Verkaufsagent	**sales agent**
Verkaufsleute	**salespeople**
Verkaufsnetz	**sales network**
Verkaufs-personal	**sales force**
Vertrag	**contract**
Vertreter/in; Außendienst-mitarbeiter/in	**sales representative**
Vorteil	**asset; advantage**
vorzugsweise; am besten	**preferably**

Info ***Kostenlos telefonieren:*** Viele Firmen in Großbritannien bieten den Vorwahlservice 0800 an. Wenn eine Telefonnummer mit 0800 anfängt, dann wissen Sie, dass Ihr Anruf gebührenfrei ist.

Quick test 1.3

Formulieren Sie die folgenden Sätze in Fragen mit "*Could ...?*" um.

a) You want the receptionist to put you through to the personnel department.

....

b) Ask her to speak more slowly.

....

c) Ask the receptionist to repeat what she has just said.

....

d) Ask the person on the phone to spell his surname.

....

e) Ask the personnel manager to send you some information about the company.

....

→ (Lösungsvorschläge siehe S. 93.)

1.4 Namen und Adressen am Telefon austauschen *Exchanging names and addresses on the phone*

Wenn Sie bei einer Firma anrufen, um Auskünfte einzuholen, müssen Sie oft Ihren Namen und Ihre Adresse durchgeben.

Phrases

Soll ich meinen Namen buchstabieren?	**Do you want me to spell my name?**
Mein Nachname ist McCoy. Großes *M* wie *Martha* und kleines *c* wie *Cäsar*. Dann noch ein großes *C*, dann *o* wie *Otto* und ein *Ypsilon*.	**My surname is McCoy. That's capital *M* for *mother* and small *c* for *cat*. Then capital *C*, *o* for *orange* and *y* for *yellow*.**

Mein Vorname ist Wilhelm. Das schreibt man nur mit einem *l*.	**My first name is Wilhelm, spelled with one *l* only.**
Wie lautet noch mal die Postleitzahl?	**What's the postcode again, please?**
Ich bin unter folgenden Telefonnummern zu erreichen: geschäftlich unter ... und privat unter ...	**My daytime telephone number is ... and my home number is ...**
Meine Postanschrift lautet, ...	**My mailing address is ...**
Meine E-Mail-Adresse lautet: stefan.martens@gmx.de (@ = at-Zeichen und . = Punkt)	**My email address is: stefan.martens@gmx.de (@ = at and . = dot)**
Ich habe eine eigene Internetseite. Die Adresse lautet ...	**I have my own web page. The address is ...**

Info Die beste Lösung für die alltägliche Frage **How do you spell that, please?** ist es, das zu tun, was Englisch Sprechende tun, und geläufige Wörter, wie z.B. ***c* for *cat*** und ***m* for *mother*,** zu verwenden. Sowohl das deutsche als auch das internationale Alphabet werden im britischen Alltagsleben nicht verwendet. Wichtig ist, dass der Buchstabe ***z*** in Großbritannien als ***sed***, in den USA als ***sih*** ausgesprochen wird. Auch *v* und *w* erscheinen etwas uneinheitlich: *V* ist ***wih*** und *w* ***dabbl juh*.**

Vocabulary

Abkürzung	**abbreviation**
Anfangsbuchstabe des 2. Vornamen	**middle initial**
Bindestrich	**hyphen**
Bleiben Sie am Apparat!	**Please hold the line.**
Doppelname	**double-barrelled name *(e.g. Duncan-Smith)***
E-Mail-Adresse	**email address**
Einen Augenblick, bitte!	**Hold on a minute, please.**
einen Hochschulabschluss haben in	**to have a degree in**
Familienname	**surname *(BE)*; last name *(AE)***
großer Buchstabe	**capital letter**

Hochschulabsolvent	**graduate**	Pressestelle	**press office**
kleiner Buchstabe	**lower case; small letter**	Punkt *(bei Internetadressen)*	**dot**
Nicht auflegen!	**Hang on! *(IF)***	Telefonnummer *(privat)*	**private number**
Null	**nought, oh *(BE)*; zero *(AE)***	Telefonnummer *(tagsüber)*	**daytime telephone number**
Postanschrift	**mailing address**	Vorname	**first name**
		weltweit	**worldwide**

Info ***Telefonnummern:*** ... werden als Ziffern einzeln gesprochen. Doppelte Ziffern können z.B. so ausgesprochen werden: **44** (**double four** oder **four four**). Der Bindestrich bei Telefonnummern wird als Sprechpause wiedergegeben. *Null* wird **oh** oder **zero** ausgesprochen.

Quick test 1.4

Sie haben eine interessante Stellenanzeige gelesen und möchten sich nun bei der Personalabteilung weiter informieren. Ergänzen Sie den folgenden Dialog.

D = *Digitech* **MN** = Michael Nert

D: Good morning, *Digitech*. How can I help you?

MN: *Greet the receptionist/say that you are Mr Michael Nert and that you want to speak to Mr Daniels in the personnel department.*

a) ....

....

D: Certainly. May I ask who's calling, please?

MN: *Give your name and say that you are calling about the marketing position/advert in Executive Magazine.*

b) ....

....

D: I see. Just hold the line a moment and I'll put you through to his secretary, Mrs Jameson.

MN: *Mrs Jameson answers. Introduce yourself/say you want to know more about the marketing position with Digitech.*

c) ....

....

D: *Digitech* is an expanding company specialising in new technologies and we are looking to take on telecommunications specialists to market our products worldwide.

MN: *Reply that you have a degree in marketing/currently you work for Netcable Communications in their press office since graduating last year/you are looking for a new challenge.*

d) ....

....

....

D: I see. That sounds very promising. Could you send us your CV and a covering letter?

MN: *Respond positively and ask to be sent some information about the company. You want some examples of how they market their products.*

e) ....

....

....

D: Of course, that's no problem. Could you give me your name and address, please?

MN: *Give your name and spell it and then spell out your address and postcode.*

f) ....

....

D: Thanks very much. I'll get some information out to you today.

MN: *Thank you for your help. Goodbye.*

→ (Lösungsvorschläge siehe S. 93.)

2 Sich um eine neue Stelle bewerben
Applying for a new job

2.1 Die Initiativbewerbung
The on-spec application

Es gibt keine konkreten Vorschriften für eine Initiativbewerbung. Da Sie sich hier nicht an einer Stellenanzeige orientieren können, ist eine erste telefonische Anfrage sehr sinnvoll. Auch hierzu gibt es ein paar Redewendungen, die Ihnen diesen Schritt erleichtern.

Phrases

Guten Tag. Könnten Sie mich bitte mit der Personalabteilung verbinden?	**Good afternoon. Could you put me through to Personnel, please?**
Hallo, spreche ich mit Frau ...?	**Hello. Is that Ms ...?**
Ich möchte mich nach einer Stelle in Ihrer Exportabteilung erkundigen.	**I'm enquiring about a position in your export department.**
Ich frage mich, ob Sie mir vielleicht ein paar Fragen beantworten könnten?	**I wonder if you could answer a few questions for me?**
Könnten Sie mir mehr Einzelheiten über die Position mitteilen?	**Could you give me more specific details about the position?**
Ich habe gelesen, dass Sie ... ... Ihre europäische Projektgruppe erweitern. ... eventuell neue Mitarbeiter im Vertrieb suchen. ... eine neue Zweigstelle in ... eröffnen.	**I have read that you ... ... are expanding your European task force. ... might be looking for new sales staff. ...are opening a new branch in ...**
Tatsache ist, dass ... ... ich praktische Erfahrung bei einer der führenden Firmen in der Modebranche gemacht habe.	**The fact is that ... ... I have hands-on experience at the cutting edge of the fashion industry.**

... ich mehrere Jahre für Ihre Konkurrenz gearbeitet habe.	**... I have spent several years working for your competitors.**
... ich ab sofort zur Verfügung stünde, um bei Ihnen anzufangen.	**... I would be available to start work straight away.**
... ich nicht gebunden bin.	**... I don't have any ties.**
... ich ausgezeichnete Zeugnisse habe.	**... I have excellent references.**
Hätten Sie daran Interesse, auf den deutschen Markt zu gehen?	**Would you be interested in going into the German market?**
Ich glaube, dass ich vielleicht ein paar gute Ideen für eine neue Produktpalette habe. Könnte ich bei Ihnen vorsprechen?	**I think that I might have some good ideas for a new range of products. Could I come in and talk to you?**
Im Grunde suche ich eine neue Herausforderung.	**I'm basically looking for a new challenge.**
Welche Qualitäten benötigen Sie in Ihrem Verkaufsteam?	**What qualities do you need in your sales team?**
Ich bin daran gewöhnt, Verantwortung zu übernehmen.	**I'm used to taking on responsibility.**
Ich habe vor kurzem mein Universitätsstudium abgeschlossen.	**I have just graduated from university.**
Da Sie eine der führenden Elektronikfirmen sind, wäre ich an einer Anstellung in diesem Bereich sehr interessiert.	**As you are a leading electronics company, I am interested in any openings in this field.**
Ich hätte gern gewusst, ob es bei Ihnen freie Stellen in der Verwaltung gibt.	**I would like to ask if you have any vacancies in your administration department?**
Besteht die Möglichkeit, dass ich freiberuflich für Sie arbeite?	**Is there any possibility of doing some freelance work for you?**
Wie sind die Einstellungsbedingungen für ...?	**What are the entry requirements for ...?**
Ich bin voll ausgebildete Buchhalterin.	**I am a fully-trained accountant.**

Ich suche nach einer Möglichkeit, Teilzeit zu arbeiten.	**I am looking for an opportunity of some part-time work.**
Ich habe gelesen, dass Sie derzeit Ihre Vertriebsstärke ausbauen.	**I have read that you are expanding your sales force.**
Ich würde gerne wissen, ob Sie Neueinstellungen vornehmen?	**I would like to know if you are taking on any new staff?**
Ich wäre Ihnen sehr dankbar, wenn Sie es mir ermöglichen könnten, Ihnen meine Mappe vorzulegen.	**I would appreciate an opportunity to show you my design portfolio.**
Ich habe ein Sprachstudium und würde gern die Möglichkeit wahrnehmen, meine Sprachkenntnisse in einer Ihrer Auslandsfilialen anzuwenden.	**I am a language graduate and would like the chance to use my languages within one of your overseas outlets.**
Gibt es innerhalb Ihrer Firma freie Stellen für Deutsch-Sprachtrainer?	**Are there any openings for German language trainers within your company?**
Würden Sie auch Bewerbungen von Nichtakademikern für Ihre Export-Abteilung berücksichtigen?	**Would you consider applications for your export department from non-graduates?**
Ich möchte mich bei Ihrer Firma um eine Lehre als ... bewerben.	**I would like to apply to your company to do my apprenticeship ...**
Könnten wir einen Termin für ein Vorstellungsgespräch vereinbaren?	**Could we arrange a date for an interview?**
Soll ich nähere Angaben zu zwei Referenzen meiner Bewerbung beifügen?	**Would you like me to include details of two referees in my application?**
Danke, dass Sie sich für mich Zeit genommen haben.	**Thank you for your time.**
Ich freue mich, Sie bald persönlich kennen zu lernen.	**I look forward to meeting you soon.**

→ Weitere Redewendungen siehe 4.5 Stärken und Fähigkeiten betonen, S. 65ff.

Grammar ***Phrasalverbs:*** Der im Englischen häufig verwendete Ausdruck **to look forward to** *(sich auf etwas freuen)* wird immer mit einer ***-ing***-Form *(Gerund)* verwendet:

I'm looking forward to coming to New York.

Zwei weitere Verben mit der Präposition **to**, nach denen eine ***-ing***-Form steht, sind: **to be/get used to** *(an etwas gewöhnt sein/nichts ausmachen)* und **to object to** *(etwas dagegen haben/an etwas Anstoß nehmen/etwas missbilligen)*:

I'm used to taking on responsability.

She doesn't object to arranging a date for an interview.

Info **Could I ask you ...?, Would you tell me ...?, Are there any possibilities of ...?** und **I would be interested in ...** sind Höflichkeitsformen, die ähnlich wie im Deutschen verwendet werden. *Könnten Sie mir sagen ...?; Besteht die Möglichkeit, dass ...?; Ich wäre interessiert an ...* So machen Sie immer einen freundlichen Eindruck und zeigen, dass Sie die Umgangsformen beherrschen.

Vocabulary

Anfangsgehalt	**starting salary**
anpassungsfähig; flexibel	**adaptable; flexible**
Arbeitsbereich; Einsatzgebiet	**field**
ausgebildet sein in	**to be trained in; to be educated in**
beschäftigen	**to employ**
Bewerber/in	**applicant**
Bezugsperson angeben; *j-n* als Referenz angeben	**to name *s.o.* as referee**
Buchhalter/in	**accountant**
Bürotätigkeit; Bürojob	**office-based work**
demnächst; in absehbarer Zeit	**in the near future**
Eigeninitiative	**initiative**
eigentlich	**basically; actually**
ein abgeschlossenes Studium der Mathematik haben	**to have a degree in maths *(BE)*/in math *(AE)***
einen Abschluss haben von	**to graduate from**
Einstellungsbedingungen	**entry requirements**

Einzelhandelsgeschäft; Verkaufsstelle	**outlet**
Elektronikfirma	**electronics company**
entlasten; unterstützen	**to support**
führend	**leading**
Erfahrung in der Industrie	**industrial experience**
erfüllen	**to fulfil *(BE)*; to fulfill *(AE)***
erweitern; vergrößern	**to broaden**
(familiäre) Bindung	***(family)* ties**
Ich bin nicht gebunden.	**I don't have any ties. *(IF)***
fragen, sich *etwas*	**to wonder**
freuen, sich auf *etwas*; erwarten, *etwas*	**to look forward to doing *s.th.***
Gelegenheit; Möglichkeit	**opportunity**
genau; spezifisch	**specific; exact**
handeln auf eigene Initiative	**to act on one's own initiative**
Hinweis; Andeutung	**indication**
Hochschuldiplom der Wirtschaftswissenschaften	**MBA (Master of Business Administration)**
im Ausland	**abroad**
Initiativbewerbung	**on-spec application**
Kenntnisse	**knowledge**
Lehre	**apprenticeship**
Mappe	**portfolio**
Mitbewerber/in; Konkurrent/in	**competitor**
nachfragen; nach *etwas* fragen	**to enquire *(BE)*/inquire *(AE)* about *s.th.***
neue Mitarbeiter einstellen	**to take on new staff**
Nichtakademiker	**non-academic**
Praktikum; Volontariat	**practical training *(BE)*; internship *(AE)***
Produktpalette	**range of products**
Projektgruppe; Arbeitsgruppe	**task force**
Spitzenstellung; führende Stelle	**cutting edge**
spekulieren	**to speculate**
sprachbegabt sein	**to have a flair for languages**
Sprachlehrer; Sprachtrainer	**language trainer**
Teilzeitarbeit	**part-time work**
Termin	**appointment**

Textverarbeitungsprogramm	**word processing program**	voraussehen; erwarten	**to anticipate**
unter Druck/ Stress arbeiten	**to work under pressure**	Vorstellungsgespräch	**interview**
Verantwortung übernehmen	**to take on responsibility**	wahrscheinlich; voraussichtlich	**likely**
vereinbaren *(ein Treffen/ einen Tag)*	**to arrange *(a meeting/ a date)***	Weiterbildungsnachweise	**certificates of further education and training**
vertraut sein, mit *etwas*	**to be familiar with *s.th.***	Zweigstelle; Filiale	**branch**

Quick test 2.1

Ordnen Sie den Satzanfängen (links) die richtigen Satzerweiterungen (rechts) zu.

1) I enjoy
2) I am highly motivated and
3) I'm looking
4) I'm keen to learn more
5) I'm very independent and can work
6) I'm good at

a) thinking on my feet.
b) on my own initiative.
c) about the field of business.
d) to broaden my horizons.
e) can work under pressure.
f) new challenges.

→ (Lösungen siehe S. 93.)

2.2 Das Bewerbungsschreiben
The letter of application

Wie das Bewerbungsschreiben aussehen soll und wie das Layout geordnet wird, erfahren Sie nun in diesem Musterbrief.

Muster: Bewerbungsschreiben

Redfern Furnishings Ltd
Parkside Industrial Estate
Unit 21
87 Glazebrook Road
London LA7 4FG

Katarina Murt
Rosenstraße 60
D – 73700 Esslingen
Tel. (00 49)7 11 32 42 70

Dear Sir/Madam,

4 April 2004

Re: Sales Manager – London
Advertisement in The Times on 2 April 2004

You are looking for a "dynamic" sales manager with several years of experience in soft furnishings to lead your sales team from your Head Office in London. I feel that I can meet your requirements and have the background and experience that you are looking for.

Upon successful completion of my degree course in European Business Studies and Design in London six years ago, I started working in the soft furnishing industry. I worked for two years for the Italian company Divani & Divani, where I was responsible for sales to leading British furniture stores. I also received comprehensive training in textiles and design at the company headquarters in Milan. I was then promoted and made manager of my own furniture outlet in Ludwigsburg, where I was responsible for a team of ten sales staff and six sub-managers in the area. I am now looking for more responsibility and the opportunity to diversify my product knowledge and put my skills and experience into practice for a worldwide market leader such as Redfern Furnishings.

As you can see from my CV, I am computer literate and also speak fluent English and Italian. I am used to working under pressure, leading a team and managing business strategies.

I am ready to take on a new challenge and to apply my knowledge and experience to contribute to the growth and success of Redfern, London.

I hope to be given the opportunity of meeting you personally in an interview and look forward to your reply.

Yours faithfully,
Katarina Murt

Encls. *

(*Encls. = Enclosures/Anlagen)

Info ***Länge des Bewerbungsschreibens:*** Eine Faustregel beim Abfassen des Anschreibens ist es, darauf zu achten, was in der Stellenanzeige verlangt wird. Ist ein **detailed letter of application** *(ein detailliertes Bewerbungsschreiben)* erforderlich oder doch nur **a brief outline** *(eine Kurzbewerbung)*? Struktur, Förmlichkeit und Stil sollten jedoch unverändert und stets professionell bleiben.

Phrases

Sehr geehrte Damen und Herren	**Dear Sir/Madam**
Sehr geehrte/r Herr/Frau ...	**Dear Mr/Mrs/Ms ...**
Sehr geehrte Fiona Hunter	**Dear Fiona Hunter *(AE)***
Lieber Mike	**Dear Mike *(IF)***
Mit freundlichem Gruß	**Yours faithfully *(ohne Namen in der Anrede)***
Mit freundlichen Grüßen	**Yours sincerely *(mit Namen in der Anrede)***
Ich bin der Meinung, dass ich Ihren Erwartungen entspreche.	**I feel that I can meet your requirements.**
Ich besitze die Ausbildung und Erfahrung, nach der Sie suchen.	**I have the background and experience that you are looking for.**
Ich besitze ... Jahre Praxiserfahrung.	**I have ... years hands-on experience.**
Ich habe in der Buchhaltung gearbeitet, wo ich für den Warenbestand zuständig gewesen bin.	**I have worked in the accounts department where I was responsible for stock levels.**
Ich bin hoch motiviert und strebe nach beruflicher Weiterentwicklung.	**I am highly motivated and keen to progress in my profession.**
Meine Fachkenntnisse auf diesem Gebiet sind erstklassig.	**My product knowledge in this field is second-to-none.**
Ich trage die Verantwortung für die Leitung der Geschäftstrategien in meiner Abteilung.	**I am in charge of managing business strategies in my department.**
Ich bin es gewöhnt, unter Termindruck zu arbeiten.	**I am used to working to tight deadlines.**

Ich habe praktische Erfahrung in der Leitung eines Informatikbüros.	**I have had hands-on experience of running an IT office.**
Ich spreche fließend Englisch und habe gute Französischkenntnisse.	**I speak fluent English and have a working knowledge of French.**
Ich wäre bereit, diese Stelle zum genannten Termin anzutreten.	**I would be able to take up this position on the date specified.**
Nach dem erfolgreichen Abschluss meines BWL-Studiums ...	**Upon successful completion of my degree in Business Administration ...**
Ich wurde zur Leiterin einer eigenen Verkaufsstelle befördert.	**I got promoted and was made manager of my own outlet store.**
Ich möchte meine Produktkenntnisse vertiefen.	**I would like to diversify my product knowledge.**
Ich bin bereit, jederzeit umzuziehen.	**I am flexible to relocate any time.**

→ Siehe dazu auch 4.5 Stärken und Fähigkeiten betonen, S. 65ff. und 4.6 Zusatzqualifikationen S. 68ff.

Info ***Tipps zum Bewerbungsschreiben:*** Die meisten Bewerbungen beginnen mit: **I am writing to apply for the position as ...** . Das ist nicht falsch, aber langweilig. Verwenden Sie als Einstieg Formulierungen, die in der Stellenanzeige vorkommen. Steht in der Anzeige: **We are looking for an individual who is competent in ... and capable of working in a team ...,** sollten Sie so beginnen: **You are looking for an individual who is good at ... and able to work well as part of a team.** Der Personalchef liest daraus, dass Sie erkannt haben, worum es geht.

Info ***Vorsicht mit dem Datum:*** **2/6/2004** bedeutet in Großbritannien *2. Juni* und in den USA hingegen den *6. Februar*! Wenn Sie auf Nummer sicher gehen wollen, schreiben Sie Datumsangaben am besten immer aus, z.B. 2 June, 2004.

Grammar Das ***Present Perfect*** wird anders gebraucht als das deutsche *Perfekt,* das als eine Zeitform der Vergangenheit einen abgeschlossenen Zeitraum bezeichnet. Das ***Present Perfect*** wird angewandt, um eine Verbindung zwischen der Vergangenheit und der Gegenwart herzustellen, wenn die Ergebnisse einer Handlung für die Gegenwart noch relevant sind oder eine in der Vergangenheit begonnene Handlung noch anhält. Das Problem für Deutschsprechende liegt darin, dass es im Deutschen keine vergleichbare Zeit gibt und dass das ***Present Perfect*** mal mit einer Form der Vergangenheit, mal mit der Gegenwart übersetzt wird.

Denken Sie auch daran, dass das ***Present Perfect*** die Vergangenheit mit der Gegenwart verbindet und das Geschehene aktualisiert. In einem Bewerbungsschreiben werden oft Bezüge zwischen Vergangenheit und der Gegenwart hergestellt, die das ***Present Perfect*** notwendig machen:

I have worked with ...

I have travelled extensively.

I have just graduated from university.

Info ***Mit freundlichen Grüßen:*** Als abschließenden Gruß verwendet man **Yours sincerely ...** falls der/die Angeschriebene mit Namen angeredet wurde; bei unpersönlichen Anreden wie „Sehr geehrte Damen und Herren“ verwendet man als Grußformel **Yours faithfully.**

Vocabulary

Anforderungen; Erwartungen	**requirements**
auskennen, sich	**to know the ropes**
befördert werden	**to be/get promoted**
beisteuern; einen Beitrag leisten	**to contribute**
Berufserfahrung	**work experience**
Betreff (Betr.)	**reference (Re:)**
ehrgeizig	**ambitious**
Einrichtungsgewerbe	**furnishing(s)**
erstklassig	**second to none**
Examen mit Auszeichnung	**honours degree with distinction**
Fach-/Produktkenntnisse	**product knowledge**
fleißig	**hardworking**
gemeinsam; doppelt	**joint**
(gute) Kenntnisse besitzen	**to have a working knowledge**
Handel	**trade**
Hintergrund; Ausbildung	**background**
Hochschulabschluss (mit *Auszeichnung)*	**honours degree *(BE)***
hocharbeiten, sich	**to work one's way up**
Kosmetikbranche	**cosmetics sector**
leiten; führen *(ein Unternehmen)*	**to run *(a company)***
Marktführer	**market leader**
motiviert	**motivated**
nähere Angaben; Spezifikationen	**specifications *(F)*; specs *(IF)***
sich mit Computern gut auskennen	**to be computer literate**
Termindruck; enge Abgabetermine	**tight deadlines**
umfassend	**comprehensive**
umziehen	**to relocate**
verbessern, sich	**to improve**
vorankommen; fortschreiten	**to progress**
Warenbestand	**stock levels**
zielstrebig	**determined**

Quick Test 2.2

Jetzt sind Sie dran. Ergänzen Sie den folgenden Auszug aus einem Bewerbungsschreiben mit den passenden Wörtern aus dem Kasten.

flexibility/responsibilities/opportunity/background/literate/CV/ specified/reply/experienced/degree/requirements/sincerely/fluent/ comprehensive

Dear Mr Jameson,
I am an **(1)** .... marketing professional and I have **(2)** .... experience within the international marketing field. I feel I can meet the **(3)** .... you have set. I also have a commercial **(4)** .... in the cosmetics sector, which is essential in the competitive world of fashion. I have a joint honours **(5)** .... in marketing and commerce and I speak **(6)** .... English and Spanish. I have completed several IT training courses and so I am fully computer **(7)** .... I am currently working for TPT Marketing Services in Berlin but I am keen to take on new **(8)** .... As you can see from my **(9)** .... I have the qualifications and experience you are looking for and the **(10)** .... to relocate if required. I would be able to start on the date **(11)** .... in the advertisement.

I hope to be given the **(12)** .... of meeting you personally in an interview. I am looking forward to your **(13)** ....

Yours .... **(14)**

Andreas Müller

→ (Lösungen siehe S. 93.)

2.3 Der Lebenslauf und der Personalbogen *The curriculum vitae and the application form*

Der tabellarische Lebenslauf hat sich aus Übersichtlichkeitsgründen durchgesetzt und wird in vier klare Teile gegliedert: Angaben zur Person, Ausbildung einschließlich praktischer Berufsbildung, Berufsweg und besondere Kenntnisse.

Info ***Tipps zum Lebenslauf:*** Der Lebenslauf sollte immer mit dem PC geschrieben werden. Im ersten Teil stehen Name und Vorname, Anschrift mit Telefonummer – unter der Sie auch tatsächlich zu erreichen sind – **(daytime/worktime, private telephone number, mobile *(BE)*/cell phone *(AE)*)**, E-Mail-Adresse, Geburtsdatum und -ort, Familienstand und eventuell die Staatsangehörigkeit. Das Geburtsdatum wird im britischen Englisch **Tag.Monat.Jahr (28.09.78)** und im Amerikanischen **Jahr/Monat/Tag (78/09/28)** geschrieben. Der Lebenslauf ist ein Dokument, dessen Richtigkeit durch Ihre **signature** *(Unterschrift)* bestätigt wird. Besonders bei Berufsanfängern werden oft **referees** *(Referenzen)* vom letzten Arbeitgeber verlangt.

Wenn Ihnen die Stelle wichtig ist, senden Sie Ihre Bewerbung als **recorded delivery** *(Einschreiben)*. In Großbritannien wählen Sie **First Class mail** *(Eilbrief)*. Schreiben Sie an den Personalchef: **F.A.O. (for the attention of = zu Händen von) Human Resources Manager/-Personnel Manager** *(BE) (Leiter der Personalabteilung)*, und oben auf den Briefumschlag schreiben Sie: **Re: Personal Secretary – Application** *(Betr. Bewerbung als Chefsekretärin)* und **Do not bend** *(Bitte nicht knicken)*.

Info ***The application form:*** Manche Arbeitgeber, besonders Behörden, verlangen die Angabe persönlicher und beruflicher Daten in Ihrem Personalbogen. Normalerweise wird der Personalbogen vom Stellenanbieter zugeschickt und der Bewerber bringt ihn dann mit zum Vorstellungsgespräch. Ein Personalbogen ist ein Standardformular. Ein Muster finden Sie auf Seite 37.

→ Redewendungen zum Thema Lebenslauf, siehe 4.3 Schule und Ausbildung, S. 57ff., und 4.4 Berufserfahrung und beruflicher Werdegang, S. 61ff.

Muster: Lebenslauf

Personal Details

Name	Ellen Haslinger
Address	Gayernweg 17 73700 Mettingen
Tel.	(0049) 711 55 12 34
Mobile	173 6455190
E-mail	ellen.has@t-online.de
Date of birth	04.10.74
Place of birth	Freiburg
Marital Status	single
Nationality	German

Education

1985-92	Theodor-Heuss High School, 79283 Bollschweil-Freiburg Abitur (school-leaving certificate, equivalent to "A" Levels in Britain)
1992-6	University of Freiburg: Degree in European Business Studies and Design
1996	Erasmus exchange to Southampton, England

Work Experience

1997-9	Sales representative for Divani & Divani, Milan.
2000-now	Sales Manager for Divani & Divani, Ludwigsburg

Skills & Qualifications

Since 1994	Full clean driving licence
1995	Intensive course in international business practices (grade 1)
1998	International translator's diploma in English and German with distinction
2000	Certificates in First Aid and self-defence
2002-3	Sales Manager of the Year, Divani & Divani

Languages	Mother tongue is German and I speak and write English and Italian fluently. I have a working knowledge of Spanish.
Interests	I am an active member of the charities UNICEF and Save the Children. I enjoy DIY* and in fact anything where I can be creative and use my imagination. I play badminton, golf and football.

Ellen Haslinger

*DIY = Do it Yourself

Muster: Personalbogen

Application Form

(Bewerbungsformular)

Passport photograph
(Lichtbild)

1. First name(s):...................................... **Surname:**..
(Vorname/n) *(Familienname)*

2. Date of Birth:...................................... **Place of birth**:..
(Geburtstag) *(Geburtsort)*

3. Current address:................................ **(since:**...................................**)**
(Wohnort) *(seit)*

4. Nationality:.. **5. Mother tongue:**...................................
(Staatsangehörigkeit) *(Muttersprache)*

6. Passport number:..............................
(Passnummer)
issued in:………….. **expiry date:**…………..
(ausgestellt in) *(gültig bis)*

7. Current employment:...
(derzeit ausgeführte Tätigkeit)

8. Signature………………………… **Place**.................... **Date**....................
(Unterschrift) *(Ort)* *(Datum)*

Info ***Political correctness:*** In den USA darf in einer Bewerbung nicht nach Familienstand und Religionszugehörigkeit gefragt werden, in Großbritannien nicht nach der Religionszugehörigkeit.

Vocabulary

Abitur	*(etwa:)* **A-levels** ***(BE)*; High School Diploma; SAT exam *(AE)***
Abschluss (zeugnis); Qualifikation	**qualifications**
ausgestellt in	**issued in**
Ausstattung für Fitnesstudios	**fitness equipment**
Austauschprogramm	**exchange programme *(BE)*/program *(AE)***
Auszeichnung	**distinction**
behindert	**disabled**
Berufstätigkeit	**employment**
Bewerbungsbogen; Personalbogen	**application form**
bisherig	**previous; to date**
Dolmetscher	**interpreter**
entlassen werden; den Job verlieren	**to be made redundant**
Familienstand	**marital status**
finanziell abgesichertes Unternehmen	**blue-chip company**
Führerschein	**driving licence *(BE)*; driver's license *(AE)***
Geburtsdatum	**date of birth (D.O.B.); birthdate**
Geburtsort	**place of birth; birthplace**
geschieden	**divorced**
gültig bis; Gültigkeitsdauer	**expiry date**
Heimwerken; Basteln	**DIY (Do It Yourself)**
Intensivkurs	**intensive course**
Interessen; Hobbys	**interests**
Lichtbild	**passport photograph**
Mädchenname; geborene ...	**maiden name**
Materialentwicklung	**material development**
Muttersprache	**mother tongue; native language**
nicht zutreffend	**not applicable (N/A)**
Personalausweis	**identity card (ID)**

persönliche Angaben	**personal details**
Presse-koordinator	**press co-ordinator**
Projektleiter	**project leader**
Religions-zugehörigkeit	**religious denomination**
Schulbildung; Bildung	**education**
Staatsangehörig-keit; Nationalität	**nationality**
Telefonverkauf	**telesales**
Übersetzer	**translator**
Übersetzer-diplom	**translator's diploma**
Unterschrift	**signature**
unverheiratet, ledig	**single**
verheiratet	**married**
Wohltätigkeits-organisation	**charity**
zusätzliche Informationen	**additional information**

Quick test 2.3

Die folgenden Sätze wurden einem Lebenslauf entnommen. Ordnen Sie die Sätze der richtigen Rubrik zu.

Example: I am married. [a]

a) Personal Details
b) Education
c) Work Experience
d) Skills
e) Interests

1) In 2002 I worked as an editor for the DFT. ☐
2) I am a keen photographer. ☐
3) I have got a certificate in life saving. ☐
4) I went to Boston University. ☐
5) I speak fluent Russian and Czech. ☐
6) I went on an Erasmus exchange to Ireland. ☐
7) I am German. ☐

→ (Lösungen siehe S. 93.)

Checkpoint A

1. Verbinden Sie die Satzanfänge links mit den richtigen Erweiterungen rechts.

1) I wouldn't mind
2) It is challenging
3) Is it an office-based job
4) I'm inquiring about
5) Would you be interested
6) Could you consider
7) Would you consider

a) a date for an interview?
b) a position in your export department.
c) applications for your export department from non-graduates?
d) to work in a growth market like telecommunications.
e) in going into the German market?
f) doing that kind of work.
g) or is there a lot of travel involved?

2. Stellen Sie die folgenden Fragen auf Englisch.

a) Was machen Sie beruflich?

....

b) In welcher Branche sind Sie tätig?

....

c) Arbeiten Sie freiberuflich?

....

d) Welche Produkte stellt Ihre Firma her?

....

e) Wo befindet sich der Hauptsitz?

....

3. Rollenspiel. Ergänzen Sie das folgende Gespräch mit dem Personalchef Thomas Daniels(TD).

TD: Good afternoon. How can I help you?
You: *(Sagen Sie, dass Sie wegen der Annonce in der New York Times anrufen.)*
a) ....
TD: Sure. We're looking for some sales staff to sell our fitness equipment.
You: *(Sie haben fünf Jahre praktische Erfahrung auf diesem Gebiet.)*
b) ....
TD: Sounds promising. Do you speak any foreign languages?
You: *(Sie sprechen fließend Dänisch und Schwedisch.)*
c) ....

TD: Are you familiar with our products?
You: *(Eigentlich nicht. Fragen Sie, ob er Ihnen Prospekte zuschicken könnte.)*
d) ....
TD: No problem. Can I help you with any other matters?
You: *(Fragen Sie nach einem Termin für ein Vorstellungsgespräch.)*
e) ....

4. Suchen Sie die beste Antwort aus und kreuzen Sie sie an: a, b oder c?

1) Sagen Sie die folgende Telefonnummer einem amerikanischen Kollegen: 91 044100?
a) ☐ ninety-one, zero forty-four, one hundred
b) ☐ nine one, oh double four, one double oh
c) ☐ nine one, zero double four, one hundred

2) Welche Adresse ist richtig geschrieben?
a) ☐ Foxhills Drive 33, Warrington WA3 5AX
b) ☐ 33 Foxhills Drive, Warrington WA3 5AX
c) ☐ 33 Foxhills Drive, Warrington 5AX WA3

3) Wie beenden Sie einen Brief, der mit *Dear Sir/Madam* beginnt?

a) ☐ Yours faithfully
b) ☐ Yours sincerely
c) ☐ Yours truly

5. Beantworten Sie die folgenden Fragen zum Wortschatz.

a) What's the alternative name for *Personnel?*

....

b) What do you call a person who is *self-employed?*

....

c) What is the English name for *„Personalbogen"?*

....

d) What do the English also call *headquarters?*

....

e) What does *Encls.* stand for?

....

→ (Lösungen siehe S. 94.)

3 Einladung zum Vorstellungsgespräch *Invitation to an interview*

3.1 Bestätigung und Terminvereinbarung *Confirming and arranging a meeting*

Ihre schriftliche Bewerbung hat eine positive Resonanz erfahren. Sie werden zu einem Vorstellungsgespräch eingeladen. Glückwunsch! Wichtig ist nun, dass Sie die Einladung nach Erhalt telefonisch bestätigen. Wie Sie einen guten Eindruck machen, erfahren Sie anhand der folgenden Beispiele.

Phrases

Könnten Sie mich bitte zu Herrn ... durchstellen. Es geht um ein Vorstellungsgespräch.	**Could you put me through to Mr ..., please. It's regarding an interview.**
Selbstverständlich. Wenn es im Moment nicht günstig ist, könnten Sie mir sagen, wann ich ihn am besten erreichen kann?	**Of course. If it isn't convenient at the moment, could you tell me the best time to reach him?**
Entschuldigung, ich habe das nicht richtig verstanden. Seine Durchwahl ist: zwei, zwei, vier, vier?	**Sorry, I didn't catch that. His extension is double two, double four?**
Vielen Dank für Ihren Brief und die Einladung zum Vorstellungsgespräch.	**Thank you very much for your letter and invitation to come for an interview.**
Ich möchte den Interviewtermin bestätigen. Ich komme also am kommenden Dienstag, dem 11. März um 10 Uhr.	**I can confirm that I will be able to attend the interview next Tuesday, March 11th at 10 am.**
Ich freue mich, Sie dann persönlich kennen zu lernen.	**I look forward to meeting you personally then.**

Guten Morgen. Ich befürchte, dass ich zu dem vereinbarten Termin am Freitag um 14 Uhr nicht kommen kann.	**Good morning. I'm afraid that I can't come at the proposed time of 2 pm on Friday.**
Wäre es möglich, einen neuen Termin zu vereinbaren?	**Would it be possible to rearrange another date, please?**
Es tut mir sehr Leid, aber ich kann diesen Termin nicht wahrnehmen.	**I'm very sorry but it won't be possible to attend on that day – any other day is fine.**
Könnten wir das Gespräch für einen anderen Tag vereinbaren, vielleicht zu einem früheren Zeitpunkt?	**Could I possibly attend the interview at an earlier time?**
Danke für Ihre Einladung zum Vorstellungsgespräch.	**Thank you for inviting me to come for an interview.**
Ich wollte Sie nur informieren, dass ich in der Zwischenzeit, während meine Bewerbung bei Ihnen lief, doch eine Stellung bei einer anderen Firma angenommen habe.	**However, since applying for the job with you I've accepted a position with another company – I just wanted to inform you.**
Es tut mir Leid, aber ich arbeite bereits bei einer anderen Firma.	**I'm sorry, but I'm actually working for another company now.**
Könnten wir bitte den Interviewtermin ändern?	**Could we rearrange the interview time please?**
Ich habe Verständnis für Ihren engen Terminplan und werde mich daher an jeden Termin anpassen, der Ihnen recht ist.	**I appreciate your busy timetable and so I will fit in whenever it suits you.**
Morgens ist es am günstigen für mich. Sagen wir um 10 Uhr nächsten Mittwoch?	**Mornings are best for me. How about 10 am next Wednesday?**

Info ***Zeitvereinbarungen:*** Zeit hat in der Geschäftswelt immer höchste Priorität und jede Kultur hat ihre Eigenarten, Zeitangaben zu machen. Deshalb Vorsicht: **half nine** bedeutet in der Englisch sprechenden Welt (vor allem in Großbritannien) nicht *halb neun* (8.30 Uhr), sondern *halb zehn* (9.30 Uhr)!

Vocabulary

anpassen, sich	**to fit in**
ändern *(einen Termin)*	**to rearrange *(BE)*; to reschedule**
anwesend sein; kommen können	**to attend**
beschäftigt	**busy**
bestätigen	**to confirm**
dankbar sein für; zu schätzen wissen	**to appreciate**
Dienstag in einer Woche; am kommenden Dienstag	**a week on Tuesday *(BE)*; a week from Tuesday *(AE)***
einen Termin absagen	**to cancel an appointment**
einen Termin einhalten	**to keep an appointment**
einen Termin verschieben	**to postpone an appointment**
günstig; passend	**convenient**
hinsichtlich	**regarding**
passen; angemessen sein	**to suit**
Terminplan; Zeitplan	**timetable *(BE)*; schedule *(AE)***

Quick test 3.1

Wählen Sie das passende Wort, um folgende Sätze zu ergänzen.

attend/change/rearrange/confirm/meeting/regarding

a) I am calling to .... that I will be able to come to the proposed interview on Friday afternoon.

b) I'll see you tomorrow then. I look forward to .... you personally.

c) I'm afraid I can't come on Monday. Could we .... our appointment, please?

d) Thank you for inviting me to come for an interview. I'd like to confirm that I'll be able to ....

e) Would it be possible to .... my interview time from the afternoon to the morning?

f) Could you put me through to Mr Gary Hamilton, please. It's .... an interview.

→ (Lösungen siehe S. 94.)

3.2 Fragen zur Anfahrt *Asking for directions*

Die Anreise zum Vorstellungsgespräch ist sehr wichtig, besonders bei längeren Anfahrten. Hier sind die Redewendungen, die Ihnen den richtigen Weg weisen werden.

Phrases

Könnten Sie mir bitte den Weg dorthin beschreiben?	**Could you give me some directions on how to get there, please?**
Welche Autobahnausfahrt soll ich nehmen?	**Which motorway *(BE)*/freeway *(AE)* exit should I take?**
Wie weit genau sind Sie von der Stadtmitte entfernt?	**How far out of the town centre are you, exactly?**
Gibt es eine gute Zug- oder Busverbindung nach ...?	**Is there a good train or bus service to ...?**
Wie ist dort für gewöhnlich der Verkehr zu dieser Zeit?	**What is the traffic usually like there at that time?**
Wo ist die beste Parkmöglichkeit?	**Where is the best place to park?**
Könnten Sie mir sagen, wie ich zum Westeingang komme?	**Could you tell me how to get to the west entrance?**

Könnten Sie mir bitte den Namen der nächstgelegenen U-Bahn-Station sagen?	**Could you tell me the name of the nearest tube station *(BE)*/subway station *(AE)*?**
Werde ich von jemandem erwartet/abgeholt?	**Will anybody be expecting me?**
Übernimmt die Firma meine Reisekosten?	**Does the company pay for my travel expenses?**
Ich werde eine Unterkunft für die Nacht brauchen. Könnten Sie mir etwas Preiswertes in der Nähe empfehlen?	**I will need some overnight accommodation. Could you recommend something reasonable nearby?**
Wissen Sie zufällig, wie viel ein Taxi vom Flughafen zu Ihrer Firma ungefähr kostet?	**Do you happen to know the rough price of a taxi from the airport to your company?**
Ich hatte vor, mit dem Zug zu kommen. Gibt ist eine gute Verbindung zum Industriegebiet?	**I was thinking of coming by train. Is there a good connection to the industrial estate?**
Befinden Sie sich genau gegenüber dem U-Bahn-Ausgang?	**Are you situated right opposite the tube station exit?**

Grammar ***Präpositionen:*** Auch wenn sich die meisten Lerner der englischen Sprache bei dem Gedanken an Präpositionen gequält fühlen – es gibt nur einen Weg, sie zu lernen: die Praxis. Es folgen einige wichtige Präpositionen auf einen Blick:

The keys are *on* the table. *(Die Schlüssel befinden sich auf dem Tisch.)*

Put the keys *onto* the table. *(Legen Sie die Schlüssel auf den Tisch.)*

My office is *in* this building. *(Mein Büro ist in diesem Gebäude.)*

Go *into* the room over there. *(Gehen Sie in diesen Raum dort.)*

Go *through* the town. *(Gehen Sie durch die Stadt.)*

Cross *over* the road. *(Gehen Sie über die Straße.)*

Go *under* the bridge. *(Gehen Sie unter der Brücke durch.)*

I'll meet you *at* the entrance. *(Ich treffe Sie am Eingang.)*

Vocabulary

(Autobahn) Ausfahrt	**junction; exit**
abbiegen, nach rechts/links	**to turn right/left**
ausgeschildert	**signposted**
befinden, sich	**to be located**
Bus-/Zug-verbindung	**bus/train service**
den Weg zeigen, *j-m*	**to give *s.o.* directions**
ein-/aussteigen	**to get on/off *(train, bus, plane, tube)***
ein-/aussteigen	**to get in/out of *(car, taxi)***
empfehlen	**to recommend**
gegenüber *(dem Bahnhof)*	**opposite/ facing *(the station)***
geradeaus	**straight on/ahead**
gleich um die Ecke	**just around the corner**
im zweiten Stock	**on the second floor *(BE)*; on the third floor *(AE = Parterre wird als erstes Stockwerk gezählt)***
in der Nähe	**nearby**
Kreisverkehr	**roundabout *(BE)*; traffic circle *(AE)***
Kreuzung	**crossroad(s) *(BE)*; intersection *(AE)***
neben	**next to**
Orientierungs-punkt	**landmark**
Parkplatz für Angestellte	**staff car park**
preisgünstig	**reasonable**
Reisekosten	**travel costs**
Stadtzentrum	**town centre *(BE)*; downtown *(AE)***
Stock(werk)	**floor**
U-Bahn-Station	**tube/Underground station *(BE)*; subway station *(AE)***
ungefährer Preis	**rough price**
Unterkunft; Unterbringung	**accommodation**
Verbindung	**connection**
verfehlen	**to miss**

Quick test 3.2

Ergänzen Sie die passende Präposition in den folgenden Sätzen.

a) My office is .... the fourth floor of the Rose Building.
b) Drive .... the staff car park and the entrance is on the left.
c) It's easiest to cross .... the river using the new bridge.
d) Somebody will meet you .... the station.
e) Let's go .... the directions again to check that you've understood.
f) I was thinking of coming .... train.
g) Is there is good connection ...... the industrial estate?

→ (Lösungen siehe S. 94.)

3.3 Fragen zum Ablauf des Gesprächs und zu Einstellungstests *Questions about the interview format and about tests*

Wenn Sie sich nach der Anfahrt erkundigen, ist es auch ein guter Zeitpunkt, Fragen zum Ablauf des Vorstellungsgesprächs zu stellen: Wie lange dauert das Gespräch? Gibt es einen Einstellungstest? Muss ich eine Präsentation geben?

Phrases

Könnten Sie mir etwas Genaueres über das Vorstellungsgespräch sagen?	**Could you give me some details about the interview itself?**
In welcher Form wird das Gespräch ablaufen?	**What format will the interview take?**
Wird es ein Gruppengespräch sein?	**Will it be a one-to-one group interview?**
Wird es ein Einzelgespräch sein?	**Will it be a one-to-one interview?**
Werde ich einem Interview-Komitee gegenübersitzen?	**Will I have to face an interview panel?**

Haben Sie Vorrichtungen für eine Powerpoint-Präsentation?	**Have you got facilities for me to make a Powerpoint presentation?**
Könnten Sie vielleicht andeuten, wie lange das Gespräch etwa dauern wird?	**Could you give me an indication of how long the interview might last?**
Wird es irgendeinen Einstellungstest geben?	**Will there be a test of any kind?**
Kann ich mich irgendwie auf diesen Test vorbereiten?	**Can I prepare in any way for this test?**
Wird das Interview mit einem Tag abgeschlossen sein oder in mehreren Stufen durchgeführt?	**Will the interview take place on just one day or are there several stages?**

Info ***Präsentationen:*** In England ist es heutzutage üblich, im Rahmen eines Vorstellungsgesprächs eine Präsentation über ein vorab besprochenes Thema zu geben. Je höher die Position, die Sie anstreben, desto länger die Präsentation.

Info ***Reisegelderstattung:*** Sie sollten sich immer vorab erkundigen, ob der Arbeitgeber auch Ihre Reisekosten erstattet. Es ist nicht vorgeschrieben und manche Firmen bezahlen tatsächlich nichts oder bieten ohne Ihre Anfrage nichts an. Es macht einen guten Eindruck, wenn Sie sich vorher über Ihre Reisekosten informiert haben und der Sekretärin sagen können, wie hoch sie ungefähr sein werden. Buchen Sie *economy class* und ein *mid-range-*(Mittelklasse)-Hotel oder eine *B&B-(Bed and Breakfast)*-Pension. Verlangen Sie auch immer einen Beleg – *receipt* – für Ihre Ausgaben.

Vocabulary

andauern; fortdauern	**to last**
Aufmachung; Form; Format	**format**
beteiligt sein; hinzugezogen werden	**to be involved**
Einrichtungen; Vorrichtungen	**facilities**
Einstellungstest	**interview test**
einzeln	**individual**
Etappe; Phase	**stage**
Gruppeninterview; Gruppengespräch	**group interview**
Komitee; Ausschuss	**panel; committee**
präsentieren; eine Präsentation halten	**(to give a) presentation**
stattfinden	**to take place**
Zweiergespräch; Gespräch zu zweit	**face-to-face; one-to-one interview**

Quick test 3.3

Ergänzen Sie die folgenden Lücken. Wiederholen Sie falls nötig vorher die Redewendungen von 3.3.

a) Could you give me .... about the interview itself?
b) What .... will the interview take?
c) Have you got .... for me to make a Powerpoint presentation?
d) Will it be .... or a group test?
e) Will the interview .... on just one day or are there several stages?

→ (Lösungsvorschläge siehe S. 94.)

4 Das Vorstellungsgespräch *The interview*

4.1 Begrüßung und Small Talk *Greetings and small talk*

Die Uhr läuft. Die ersten Sekunden des Vorstellungsgesprächs sind die wichtigsten. Alles hängt davon ab, welchen ersten Eindruck Sie hier machen.

Phrases

Guten Morgen, Herr ... Sehr erfreut, Sie kennen zu lernen.	**Good morning, Mr ... Pleased to meet you.**
Mein Vorstellungsgespräch ist erst um 11.00 Uhr, aber ich komme gern etwas früher zu meinen Terminen.	**My interview is not until 11 but I like to arrive early for my appointments.**
Chester ist eine hübsche Stadt. Sie ist viel schöner, als ich erwartet habe.	**It's a pretty town, Chester. It's much nicer than I expected.**
Die Autobahn ist morgens um diese Zeit ein bisschen chaotisch, aber ich bin frühzeitig losgefahren.	**The motorway is a bit manic at this time of the morning but I left in good time.**
Ich hatte keine Probleme, den Weg zu finden.	**I had no problems finding the way.**
Danke für den Tipp, mit der U-Bahn zu fahren.	**Thank you for your tip to travel by tube.**
Die Verbindung ist wirklich gut.	**It's a really good connection.**
Danke, dass Sie jemanden zum Flughafen geschickt haben, um mich abzuholen. Das war sehr nett von Ihnen.	**Thank you for sending someone to meet me at the airport. That was very kind of you.**
Es ist doch ziemlich frisch für die Jahreszeit.	**It's quite chilly for this time of year, isn't it?**
Es freut mich, Sie kennen zu lernen. Haben wir nicht bereits am Telefon miteinander gesprochen?	**Pleased to meet you. We've already spoken on the phone, haven't we?**

Einen Kaffee, bitte – mit Milch und ohne Zucker.	**A coffee would be nice, thanks. White with no sugar, please.**
Eine Tasse Tee mit zwei Löffeln Zucker, bitte.	**A cup of tea with two sugars, please.**
Eigentlich hätte ich lieber etwas Kaltes zu trinken, falls Sie etwas da haben.	**Actually, I'd prefer a cold drink if you have one, please.**
Vielen Dank, aber ich habe keinen Hunger. Ich habe zu Mittag gegessen, bevor ich hergekommen bin.	**Thank you, but I'm not hungry. I had lunch before I came.**
Ja. Ich habe davon in der Zeitung gelesen. Das ist wirklich interessant.	**Yes. I've read about it in the newspaper. It's really interesting.**
Wie ich sehe, haben Sie eine Nichtraucher-Regelung am Arbeitsplatz eingeführt. Sehr positiv.	**I see you have a non-smoking policy in the workplace. That's very positive.**
Diese Großraumbüros sind wirklich attraktiv – sehr modern.	**These open-plan offices are really attractive – very modern.**

Info ***Small Talk:*** Wenn man in England ist, sollte man über das Wetter reden. Klingt wie ein Klischee, aber es ist wirklich wahr, dass Engländer fast immer vom Wetter sprechen, als **ice breaker** *(Eisbrecher)* sozusagen, bevor Sie ein Gespräch beginnen. Solche **fillers** *(Füllphrasen)* sind in der Anfangsphase sehr wichtig, z.B.: **It's really cold for this time of year, isn't it?**

Grammar ***Present Perfect ist angesagt:*** Beim Small Talk wird oft die *nicht abgeschlossene Vergangenheit,* ***present perfect,*** verwendet, denn sie wirkt offener und freundlicher. Schlüsselwörter für diese häufige Form sind **since, for, already, never,ever, yet** und **so far**:

Have you met my secretary yet?

Have you ever been to Houston before?

Vocabulary

Arbeitsplatz	**workplace**	informieren, sich über *etwas*; (nach)lesen, über *etwas*	**to read up about *s.th.***
aufgehalten worden sein	**to be held up**	kühl	**chilly**
bevorzugen; vorziehen	**to prefer**	Nichtraucher-regelung	**non-smoking policy**
chaotisch	**manic; chaotic**	Skizze	**sketch**
Gleichfalls!	**The same to you!**	Stau	**traffic jam**
Großraumbüro	**open-plan office**		

Info ***Begrüßung:*** **How are you?** Diese Floskel ist stellvertretend für *Guten Tag!* Der Begrüßte antwortet mit: **Fine thanks. And how are you?** Auf **How do you do?** antwortet man ebenfalls mit **How do you do?**

Quick test 4.1

Jetzt sind Sie dran. Machen Sie ein bisschen *Small Talk*. Lesen Sie die Fragen (links) und verbinden Sie sie mit der passenden Antwort (rechts).

1) Did you find us alright?
2) How did you travel?
3) How would you like your coffee?
4) Have you heard the news about *BMT*?
5) Have you met my secretary, Mrs Jones, yet?
6) So, what is your first impression of the place?

a) No, but we've spoken on the phone.
b) Very positive. The offices are really modern.
c) By tube. It's the quickest way.
d) Fine. The sketch you gave me helped.
e) White, no sugar, please.
f) Yes. I read about it in the newspaper.

→ (Lösungen siehe S. 94.)

4.2 Motive für Ihre Bewerbung
Reasons for your application

Es ist üblich, dass der Interviewer Sie zu Ihren Bewerbungsmotiven und Ihrem Interesse an der Stelle befragt, bevor er mit Ihrem Lebenslauf beginnt. Dies ist nichts anderes als eine mündliche Prüfungssituation, und Sie können sich entsprechend darauf vorbereiten.

Phrases

Ich bin motiviert und zielstrebig.	**I'm motivated and ambitious.**
Ich arbeite sehr gern mit einem guten Team zusammen.	**I enjoy working together with a good team.**
Sie sind Marktführer für Produkte der Gesundheitsvorsorge.	**You are the market leader in healthcare products.**
Ich möchte zu Ihrem zukünftigen Erfolg beitragen.	**I want to play a part in your future success.**
Ich glaube, ich bin sehr kreativ.	**I think I'm very creative.**
Ich arbeite seit über zwei Jahren als ...	**I've worked as ... for over two years.**
Ich wurde zu diesem Vorstellungsgespräch eingeladen, weil die Firma an mir interessiert ist.	**I have been invited to this interview because the company is interested in me.**
Ich kenne meine Erwartungen, und nun habe ich die Möglichkeit zu beurteilen, wie diese Firma ...	**I know what my expectations are and this is my chance to see how this company ...**
Jedes Vorstellungsgespräch ist eine gute Lernerfahrung.	**Every interview is a good learning experience.**
Ich kann gut mit Leuten umgehen.	**I am a good communicator.**
Ich bin gut qualifiziert und ich bin die richtige Person für diesen Posten.	**I'm well qualified and I am the right person for this job.**
Ich habe die Qualifikationen und Erfahrung, die Sie heute verlangen, ...	**I have the qualifications and experience you require today ...**

... ebenso wie die Entschlossenheit und den Weitblick, den Sie für die Zukunft suchen.	**... and the determination and vision you are seeking for the future.**
Ich möchte diese Stelle so gern haben.	**I would really like this job.**
Was sind meine größten Stärken?	**What are my greatest strengths?**
Ich bin zuverlässig, zielstrebig und habe einen Sinn für Humor.	**I'm reliable, focussed and I've got a good sense of humour.**
Ich bin daran gewöhnt, mit verärgerten Kunden auf professionelle und geduldige Art und Weise umzugehen.	**I'm used to dealing with angry customers in a patient and professional way.**
Ich glaube schon, dass ich ein guter Teamarbeiter bin.	**I think that I am a good team-player.**
Nur durch effektive Zusammenarbeit kann ein Unternehmen Erfolg erzielen.	**It's only through effective teamwork that a business can achieve success.**
Für mich endet ein Arbeitstag dann positiv, wenn ich am Abend die Ziele erreicht habe, die ich mir am Morgen gesetzt habe.	**A positive day at work for me is when, by the end of the day, I have achieved the goals that I set myself at the beginning.**

→ Für weitere Antworten siehe 2.3 Der Lebenslauf, S. 35ff. und 4.5 Stärken und Fähigkeiten betonen, S. 65ff.

Info ***Sich diplomatisch äußern:*** Es empfiehlt sich Kritik oder negative Aussagen nicht allzu direkt zu äußern. Statt beispielsweise zu sagen **I think that this strategy was awful!**, sollten Sie diese Aussage lieber auf eine etwas diplomatischere Art und Weise vermitteln. Zum Beispiel mit Ausdrücken wie **rather** *(ziemlich)*, **somewhat** *(ziemlich)*, **pretty** *(ziemlich)*, **it seems that** *(es scheint, dass)*, **apparently** *(anscheinend)* oder **it looks like** *(es sieht so aus, als ob)*. Ihre Aussage wirkt so freundlicher und positiver, z.B.: **This strategy was somewhat disappointing.**

Example

Wenn Sie gut vorbereitet sind, gibt es für jede Frage eine passende Antwort:

Interviewer: Name three things that are important to you in a job.

You: Motivation, personal and professional growth, job satisfaction.

Interviewer: Why would you like to join this company?

You: You are the market leader in healthcare and I want to play a part in keeping the company there in the future.

Interviewer: How would your best friend describe you?

You: Reliable, with a good sense of humour and focussed.

Vocabulary

ausführen	**to perform**
auswählen	**to select**
berufliche Zufriedenheit	**job satisfaction**
bewundern	**to admire**
Eigenschaften; Qualitäten	**qualities**
Entschlossenheit	**determination**
erreichen	**to achieve**
Fähigkeit	**ability**
geduldig	**patient**
geeignet; passend	**suitable**
kommunikativer Mensch	**communicator**
Lernerfahrung	**learning experience**
Motiv	**motive**
Produkt der Gesundheitsvorsorge	**healthcare product**
schätzen	**to value**
Schwäche	**weakness**
sensibel; empfindlich	**sensitive**
Stärke	**strength**
umgehen, mit; verarbeiten	**to deal with *s.th.***
vernünftig	**sensible**
verstehen, sich mit *j-m* (gut)	**to get on with *s.o.*; to be on good terms with *s.o.* *(F)***
Weitsicht; Vision; Einsicht	**vision**
Ziel	**goal**
zielstrebig sein	**to be focussed**
zuverlässig	**reliable**

Quick test 4.2

Suchen Sie ein Adjektiv aus, das zu den folgenden Personen passt.

sensitive/reliable/good sense of humour/angry/sensible

a) Thomas always does what he says. ....

b) Markus always makes us smile. ....

c) Claire shouts at us a lot. ....

d) Kate takes what you say very personally. ....

e) Michael knows how to deal with problems. ....

→ (Lösungen siehe S. 94.)

4.3 Schule und Ausbildung *School and education*

Die Abschnitte Ausbildung und praktische Berufserfahrung sind die wichtigsten Teile des Lebenslaufs, weil Sie sich hier von Ihren Mitbewerbern abheben können.

Phrases

Ich habe das Wenzel Gymnasium in Berlin von … bis … besucht.	**I attended Wenzel High School in Berlin from … till …**
Ich habe meinen Realschulabschluss/mein Abitur in … gemacht.	**I graduated from high school *(AE)*/secondary school/ grammar school *(BE)* in …**
Nach dem Abitur habe ich drei Monate Pause gemacht.	**After passing my A-levels I took three months off.**
Ich wollte … werden.	**I wanted to become a …**
Mein Zivildienst lehrte mich viel über mich selbst und …	**The community service taught me a lot about myself …**
… über meine Verpflichtungen anderen Menschen gegenüber.	**… and my responsabilities to others.**
Meine Magisterprüfung habe ich mit Auszeichnung bestanden.	**I passed my MA with distinction.**

Ich habe Französisch studiert, …	**I studied French, …**
… obwohl mein Hauptfach Betriebswirtschaft war.	**… though I majored in Business Studies.**
Ich habe einen Hochschulabschluss in Betriebswirtschaft.	**I've got a degree in Business.**
2001 habe ich mein Diplom in Büromanagement mit Auszeichnung bestanden.	**I took a diploma in Office Management in 2001 and got a distinction.**
Mir wurde ein Stipendium für … verliehen.	**I was awarded a scholarship to study at …**
Ich habe meinen Zivildienst in … gemacht.	**I did my community service in …**
Ich habe die Uni ein Jahr ausgesetzt und in Asien gejobbt.	**I spent my gap year working my way around Asia.**
Ich habe einen Doppelabschluss in Business und Management.	**I have a joint degree in Business and Management.** ***(BE)***
Das Thema meiner Doktorarbeit wurde angeregt durch …	**The topic for my thesis was inspired by …**
… durch praktische Probleme am Arbeitsplatz, die ich in Angriff nehmen wollte.	**… practical problems that I wanted to tackle in the workplace.**
Ich habe mein Studium abgebrochen, um zu arbeiten.	**I dropped out to work instead.**
Ich habe als Lehrling/Auszubildender bei … gearbeitet.	**I worked as an apprentice at …**
Ich habe eine Lehre/eine Ausbildung bei … absolviert.	**I did an apprenticeship at …**
Ich habe ein Praktikum/Referendariat bei … gemacht.	**I did an internship at …**
Ich habe als Praktikant/Referendar bei … gearbeitet.	**I worked as an intern at …**

→ Weitere Redewendungen siehe auch 4.4 Berufserfahrung und beruflicher Werdegang, S. 61ff.

Grammar ***Past simple:*** Wenn man über einen abgeschlossenen Zeitraum spricht (der erwähnte Tag, die erwähnte Woche, das erwähnte Jahr sind vorbei) benützt man das *past simple*. Schlüsselwörter für die Verwendung des *past simple* sind z.B. **ago, when, yesterday, last week, last month, last year.**

I spent my Gap Year working my way around Australia.

I took a diploma in Office Management in 2001.

I passed my MA with an distinction.

Info ***Gap Year:*** Bundeswehr oder Zivildienst gibt es in Großbritannien und den USA nicht. Viele Universitätsstudenten nehmen jedoch ein so genanntes **gap year** oder **year out** *(freies Jahr)*, in dem sie reisen und jobben, meist in Australien oder Neuseeland. Andere verrichten einen **VSO (Voluntary Service Overseas)** und arbeiten z.B. als Aushilfskräfte in Afrika. Solche Auslandsaufenthalte werden im Lebenslauf hoch angerechnet.

Vocabulary

abbrechen *(z.B. Schule)*	**to drop out *(of school)***
Abendschule	**night school**
abgeschlossene Lehre als EDV-Techniker haben	**to be a trained computer technician**
Abschluss	**degree**
Abschlussnote	**class of degree *(BE)*; final grade *(AE)***
Absolvent	**graduate**
absolvieren; das Examen in ... machen	**to graduate from**
als Haupfach studieren	**to major in**
als Nebenfach studieren	**to minor in**
Arbeitsplatz	**workplace**
Auszeichnung	**distinction**
Auszubildende/r; Lehrling	**apprentice; trainee**
Ausbildung	**education**
Berater	**consultant; advisor**
beruflicher Werdegang; Laufbahn	**employment history; career path**
besuchen *(Schule/Kurs)*	**to attend**
Hauptfach	**major**
Diplom machen	**to take a diploma**

Doktorand	**PhD Student *(Doctorate)***
Doktorarbeit	**(doctoral) thesis**
einschreiben, sich *(für einen Kurs)*	**to enroll *(BE)*/ to register *(AE)* *(on a course)***
erreichen	**to attain**
freies Jahr	**gap year *(BE)***
Freiwillige/r	**volunteer**
Grundschule	**primary school**
Gymnasium; weiterführende Schule	**secondary school *(BE)*; grammar school *(BE)*; high school *(AE)***
im Bereich Rechnungswesen	**in the field of accounting**
in Angriff nehmen	**to tackle**
innerbetriebliche Seminare/ Lehrgänge	**on the job training/ seminars/ courses**
Kaufmännische Berufsschule	**business school**
Lehre; Lehrzeit; Ausbildung	**apprenticeship**
Lehrling; Auszubildender	**apprentice**
Magister; Diplom	**MA *(Master of Arts)*; MS *(Master of Sciences)***
mittlere Reife	**GCSE (General Certificate of Secondary Education) *(BE)***
Nebenfach	**minor**
obligatorisch	**compulsory**
Pflichtfach	**compulsory subject**
Praktikant; Referendar	**intern**
Praktikum; Referendariat	**internship**
Prüfung mit Auszeichnung bestehen	**to pass an exam with flying colours**
Stipendium	**scholarship**
Studienrichtung	**degree subject**
technische Hochschule	**technical college**
Thema	**topic**
verleihen; zusprechen *(einen Preis)*	**to award**
Wehrdienst	**military service**
Zivildienst	**community service**

Quick test 4.3

Bringen Sie die folgenden Satzteile in die richtige Reihenfolge.

a) with/my/an/I/MA/degree./passed/excellent

....

b) a/in/and/joint/Business/I have/degree/Management.

....

c) Office Management/a diploma/took/and/a distinction./I/in/got

....

d) around/gap year/my way/spent/my/working/I/Australia.

....

e) French/in/studied/majored/I/Business Studies./though/I

....

→ (Lösungen siehe S. 94.)

4.4 Berufserfahrung und beruflicher Werdegang *Job experience and positions held*

In diesem Teil des Vorstellungsgesprächs wird über Ihre Berufserfahrung gesprochen. Versuchen Sie, das Gespräch auf die Erfahrungen und Kenntnisse, die für die angestrebte Position relevant und wichtig sind, zu lenken.

Phrases

Mein erster Arbeitgeber war ...	**My first employer was ...**
Ich arbeite seit 1994 bei *GLX*.	**I have been working for *GLX* since 1994.**
Meine Pflichten und Verantwortungen in dieser Position umfassten ...	**My duties and responsibilities in that job included ...**
Ich arbeite derzeit als ...	**I'm currently working as a ...**
Ich halte meine bisherige Erfahrung für wichtig, weil ...	**I feel my previous experience is relevant because ...**
Ich habe meine Laufbahn 1997 im Anwaltsbüro *Westbrook* als Junior Berater begonnen.	**I began my career with *Westbrook* Solicitor's as a junior consultant in 1997.**

Ich habe mehrere hausinterne betriebswirtschaftlich ausgerichtete Trainingskurse erfolgreich absolviert.	**I have successfully completed several in-house training programmes specialising in business management.**
Von ... bis ... war ich für die Revisionsabteilung und deren 20 Mitarbeiter verantwortlich.	**From ... till ... I was responsible for the auditing department and in charge of twenty employees.**
Da ich bereits als Student auf Provisionsbasis gearbeitet habe, kann ich sagen, ...	**Having worked on commission when I was a student, I can say ...**
... dass man sich dadurch leichter auf das Produkt einstellen und überzeugt sein kann, es verkaufen zu wollen.	**... that it makes it easier to focus on the product and be convinced that you want to sell it.**
Ich habe mehrere Jahre im Vertrieb gearbeitet.	**I have worked in the field of sales for several years.**
Ich denke, dass ich mich im Vertrieb sehr gut auskenne.	**I feel I know the ropes of the trade.**
Ich habe nach einer Chance gesucht, meinen beruflichen Horizont zu erweitern.	**I was looking for a chance to broaden my professional horizons.**
Ich habe mich bei Ihrer Firma beworben, weil ...	**The reason I've applied to your company is that ...**
... Sie ein wachsendes Unternehmen mit einem einmaligen Erfolg im ... sind.	**... you are an expanding company with a track record in ... which is second to none.**
Ich habe kürzlich in einem Artikel im ... gelesen, dass Ihre Firma Spitzenreiter im Bereich Qualität und Service ist.	**In a recent article in ... I read that your firm is top of the table for quality and service.**
Im Oktober jenes Jahres wurde ich zur Chefredakteurin der Zeitschrift ... befördert.	**In October of that year I was promoted to editor-in-chief of ... Magazine.**

Ich denke, dass wir bei jeder Arbeit etwas dazulernen, sowohl in Bezug auf die Erfahrungen als auch in Bezug auf die Fähigkeiten, die wir uns aneignen.	**I think that every job we do is a learning curve in terms of both the experience and the skills we take on board. *(IF)***
Meine ersten Erfahrungen im Bereich Marketing machte ich 1999 in meinem ersten Job als Presseassistent bei ...	**My first experience of marketing was in my first job as a press assistant with ... in 1999.**
Zurzeit arbeite ich als freischaffender Designer.	**At the moment I'm working as a freelance designer.**
Ich möchte meine Ideen bei einer sehr erfolgreichen Firma wie der Ihren, mit ihrem weiten und internationalen Kundenstamm, einbringen.	**I'd like to bring my ideas to a high-flying company with a wide and international customer base like you have.**

Grammar ***For oder since?*** Oft gibt es bei der Unterscheidung von **for** und **since** *(seit)* sprachliche Unsicherheiten, obwohl es eigentlich ganz einfach ist: **for** benutzt man, wenn man von einer *Zeitdauer* spricht und **since,** wenn man von einem *Zeitpunkt* spricht:

I have been working for *Raffles* since 1994.

I have worked in the field of sales for several years.

Example

Der Interviewer (I) stellt Fragen an den Kandidaten (K):

I: You have changed your career path from accounting to marketing?
K: Yes. I realized that I had a flair for marketing and I like working with people.
I: How do you mean?
K: Well, as you can see from my CV, I have successfully marketed Australian wines in Bavaria.
I: Yes. Your track record is excellent.

Info ***False friends:*** Zwei der am häufigsten miteinander verwechselten Wörter sind sicherlich das englische **eventually** und das deutsche *eventuell*. Die englische Übersetzung von *eventuell* lautet **perhaps** oder **maybe**, während **eventually** *im Laufe der Zeit, mit der Zeit* oder auch *irgendwann* bedeutet.

Vocabulary

abwechslungsreich	**diverse**
auf Provisionsbasis arbeiten	**to work on commission**
aufsteigen; vorankommen	**to advance**
auskennen, sich	**to know the ropes *(IF)***
Außendienst	**field work; sales reps *(F)***
bisherige/r/s; frühere/r/s	**previous**
Chefredakteur/in	**editor-in-chief**
eintreten; sich anschließen	**to join**
erfolgreich; aufstrebend	**high-flying**
gekündigt werden	**to be dismissed *(F)*; to get the sack *(BE) (IF)*; to get fired *(AE) (IF)***
hausinterner Fortbildungskurs	**in-house training programme**
Junior-Berater	**junior consultant**
kontaktfreudig	**good with people; sociable**
Liste vorzuweisender Erfolge	**track record**
Pflichten und Verantwortungen	**duties and responsibilities**
Presseassistent/in	**press assistant**
Rechtsanwalt/-anwältin	**solicitor *(BE)*; attorney *(AE)***
Revisionsabteilung	**auditing department**
Spitzenreiter/Tabellenführer sein	**to be top of the table**
Stellenbeschreibung; Aufgabengebiet	**job description**
vertraut sein mit *etwas*	**to be familiar with *s.th.* *(F)***

Quick test 4.4

Ergänzen Sie die folgenden Lücken. Wiederholen Sie falls nötig vorher die Phrases.

1) Having **a)** .... on commission when I was a student, I can say that it makes it easier **b)** .... on the product and **c)** .... that you want to sell it.

2) The reason **a)** .... to your company is that you are an expanding company with **b)** .... in wine marketing which is **c)** ....

3) At the moment **a)** .... as a freelance designer but I'd like **b)** .... my ideas to a high-flying company with a wide and **c)** ....

→ (Lösungsvorschläge siehe S. 94.)

4.5 Stärken und Fähigkeiten betonen *Stressing strengths and abilities*

Hier noch einmal wichtige Kernaussagen, um Ihre Stärken ins rechte Licht zu rücken.

Phrases

Ich suche nach einer Möglichkeit, meinen Horizont zu erweitern.	**I am looking for a chance to broaden my horizons.**
Ich liebe neue Herausforderungen und Erfahrungen.	**I love new challenges and experiences.**
Ich bin unabhängig und arbeite eigenständig.	**I am independent and work on my own initiative.**
Ich würde die Möglichkeit begrüßen, weitere Fortbildungen in diesem Arbeitsbereich zu absolvieren.	**I would welcome the opportunity to do further training in this field.**
Ich bin sehr zielstrebig und entschlossen.	**I am very ambitious and determined.**

Es macht mir Spaß, als Teil eines Teams zu arbeiten.	**I enjoy working as part of a team.**
Ich suche eine Gelegenheit, mein Potential zu erfüllen.	**I am looking for an opportunity to fulfil my potential.**
Ich bin hoch motiviert und kann unter Druck arbeiten.	**I am highly motivated and able to work under pressure.**
Ich habe die notwendige Berufserfahrung.	**I have the necessary experience.**
Ich bin sehr interessiert daran, mich auf diesem Gebiet weiterzubilden.	**I am keen to learn more about this field of the business.**
Durch meine häufigen Reisen bin ich daran gewöhnt, innerhalb der asiatischen Geschäftskulturen zu verhandeln.	**As I have travelled widely, I am used to negotiating within Asian business cultures.**
Es fällt mir leicht, mich an neue Situationen anzupassen.	**I find it easy to adapt to new situations.**
Ich kann schnell Entscheidungen treffen.	**I am good at thinking on my feet.** ***(IF)***
Ich habe immer ziemlich verantwortungsvolle Stellungen gehabt und das motiviert mich.	**I have always held positions of considerable responsibility and that motivates me.**
Die Arbeit in unterschiedlichen Ländern … vermittelte mir einen einzigartigen Einblick in andere Geschäftskulturen.	**Working in different countries … has given me a unique insight into other business cultures**
...hat mich zu einem effektiver kommunizierenden Menschen gemacht.	**... has made me a more effective communicator.**
Ich bin nicht der Typ, dem es gefällt, in einem Büro zu arbeiten. Ich muss draußen und unter Leuten sein.	**I am not the sort of person that likes to work in an office – I need to be out and about meeting people.** ***(IF)***

Ein Kundendienstvertreter muss ... jedem einzelnen Kunden viel Geduld und Aufmerksamkeit gegenüber entgegenbringen und	**A customer service representative must be ... patient and attentive to each individual customer – and**
... vor allem ein guter Zuhörer sein.	**... first and foremost a good listener.**
Es kommt auf die Situation an.	**It depends on the situation.**
Ich arbeite gerne in einem Team, aber auch alleine.	**I enjoy working in a team or by myself.**

→ Weitere Redewendungen siehe auch 4.2 Motive für Ihre Bewerbung, S. 54ff., und 4.4 Berufserfahrung und beruflicher Werdegang, S. 61ff.

Info ***Kritik äußern:*** Engländer sind sehr höfliche Menschen und äußern ihre Kritik immer sehr diplomatisch: **"I don't think that's a good idea"** sollten Sie also immer als ernste Ablehnung interpretieren. Üblich ist es auch, Kritik in Form von verneinten Gegensätzen zu äußern. Zum Beispiel wird aus **"I think that's a ridiculous idea." "I think that's not a very sensible idea."**

I'm afraid, I fear *(Ich fürchte)* und **I'm sorry** *(ich bedaure)* und ein einleitendes Zugeständnis vor der eigentlichen Kritik sowie **You may have a point there, but ...** sind weitere übliche Äußerungen von Kritik.

Vocabulary

aufsteigen *(im Beruf)*	**to climb the career ladder**
Einsicht; Einblick	**insight**
einzigartig	**unique**
entscheiden, sich *(spontan und schnell)*	**to think on one's feet**
Gelegenheit; Chance	**opportunity**
Geschäftskultur	**business culture**
Kundendienstvertreter	**customer service representative**
selbstständig arbeiten	**to work on one's own initiative**
vor allem	**foremost**
Zuhörer	**listener**

Quick Test 4.5

Bringen Sie die folgenden Sätze in die richtige Reihenfolge.

a) my/to/am/horizons./looking/I/broaden/for/a chance

....

b) to do/in/the opportunity/this field./would/further/in/I/training/welcome

....

....

c) negotiating/business cultures./used to/I/within/am/European

....

....

d) to work/and/motivated/under/able/highly/I/pressure./am

....

e) working/or/I/team/by/in/a/enjoy/myself.

....

→ (Lösungen siehe S. 94.)

4.6 Zusatzqualifikationen
Extracurricular qualifications

Viele Bewerber unterschätzen diesen Teil des Lebenslaufs. Eigentlich zeigen Sie aber hier, was Sie für ein Mensch Sie sind und was Sie aus Ihrem Leben machen. Versuchen Sie, Ihre Individualität herauszustellen.

Phrases

Meine Interessen sind ...	**My interests are ...**
... Reisen, Fotografieren, zeitgenössisches Theater und Wintersport.	**... travelling, photography, contemporary theatre and skiing.**
Ich bin Mitglied des örtlichen Fahrradclubs.	**I'm a member of the local biking club.**
Ich organisiere gesellschaftliche Veranstaltungen und Wochenendausflüge.	**I organise social events and weekend trips.**

Ich bin leidenschaftlicher Musiker und spiele Saxophon in einer Jazzband.	**I'm a keen musician and I play saxophone in a jazz band.**
In meiner Freizeit verrichte ich gern freiwillige Dienste ...	**I enjoy doing voluntary work in my spare time ...**
... für das Rote Kreuz sowie örtliche Wohlfahrtsvereine.	**.. for the Red Cross and local charities.**
Ich habe einen Erste-Hilfe-Grundkurs absolviert.	**I have passed a course in basic first aid.**
Ich spreche fließend Griechisch und Türkisch.	**I can speak fluent Greek and Turkish.**
Es gefällt mir, etwas über neue Technologien hinzuzulernen.	**I like learning about new technologies.**
Mit Computern kenne ich mich bestens aus.	**I am good with computers.**
Ich arbeite nicht nur beruflich mit den neuesten Softwareprogrammen.	**I don't just use the latest software programs as part of my job.**
Ich habe mehrere Computer-Workshops in meiner Freizeit besucht.	**I have attended several computer workshops in my spare time.**
Ich betreibe gern Aktivsportarten, weil ich neue Herausforderungen mag.	**I like to do adventure sports because I enjoy new challenges.**
Ich bin qualifizierte/r ...	**I am a qualified ...**
Ich bin gelernte/r ...	**I am a trained ...**
Ich habe Kurse in ... besucht.	**I have taken courses in ...**
Ich habe mein eigenes Geschäft geleitet.	**I have run my own business.**

Info **Sport:** In England und besonders in den USA werden Freizeitaktivitäten und Sport im Vorstellungsgespräch hoch bewertet, nämlich als Zeichen dafür, dass ein Mensch ausgeglichen ist, im Team arbeiten kann und auf seine Gesundheit achtet.

Grammar Wenn Sie über Hobbys reden oder über Dinge, die Sie in Ihrer Freizeit gerne machen, können Sie Verben wie **love, like, enjoy, hate, dislike,** etc., zusammen mit einem **verb+ing-Form** benutzen, z.B.:

I enjoy doing voluntary work in my spare time.

I like learning about new technologies.

I love cooking.

Vocabulary

anpassen, sich	**to adapt**
Arbeitstier	**workaholic**
aufgeschlossen	**outgoing**
begeistert; leidenschaftlich	**keen**
EDV-Kenntnisse	**computer skills**
Ferienjob	**holiday job**
freiwillige Arbeit	**voluntary work**
Freizeit	**spare/free time**
Grundkenntnisse	**basic knowledge**
Intensivkurs	**intensive course**
Kenntnisse, verhandlungssichere	**working knowledge**
sportlich	**sporty**
unabhängig	**independent**
zeitgenössisch	**contemporary**
Zertifikat	**certificate**
Zeugnis	**reference**
zusätzlich; außerhalb des Lehrplans	**extracurricular**

Quick test 4.6

Lesen Sie die Fragen und ergänzen Sie die Antworten.

a) *What do you enjoy doing in your free time?*
.... golf, reading contemporary literature and going jogging.

b) *How would you describe your knowledge of English?*
.... because I spent a year working in London.

c) *Do you find it easy to get on with people?*
.... different countries makes it easy for me to adapt to new situations and people.

d) *What are you studying at the moment?*
.... in computer programming at night school.

➜ (Lösungsvorschläge siehe S. 94.)

4.7 Weiße Flecken und knifflige Fragen
Loopholes and awkward questions

Sie haben Lücken im Lebenslauf? Sie haben wenig Berufserfahrung? Sie hatten früher andere Dinge als Ihre Karriere im Kopf? Die folgenden Redewendungen werden Ihnen helfen, knifflige Fragen zu kontern.

Phrases

Ich habe die Universität vorzeitig beendet, weil ...	**I left university early because ...**
... ich immer ein klares Berufsziel vor Augen hatte.	**... I have always had a clear idea about what I wanted to do for a living.**
... mir praktische Arbeit lieber ist als akademische.	**... I prefer practical to academic work.**
Was mir an Berufserfahrung fehlt, kann ich durch Motivation und meine Lernbereitschaft ausgleichen.	**What I lack in experience I can make up for in motivation and my willingness to learn.**
Ja, ich habe ein Jahr ausgesetzt, weil ich etwas völlig anderes ausprobieren wollte.	**Yes, I took a year out because I wanted to try my hand at something completely different.**
Ich habe *GMX* nach drei Monaten verlassen, da ich mit dem Verkaufsmanager nicht zusammenarbeiten konnte. Es war der einzige Weg nach vorn.	**I left *GMX* after three months because the sales manager and I didn't see eye-to-eye and so it was the only way forward. *(IF)***

Ja, Ich habe tatsächlich acht Jahre ausgesetzt, als die Kinder noch klein waren, weil es wichtig ist, dass man als Mutter für seine Kinder da ist.	**Yes, I did take eight years off while the children were small because as a mother, it is important to be there for your children.**
Ich habe während des Mutterschaftsurlaubs einen Fuß in der Industrie gelassen und selbstständig von zu Hause aus gearbeitet und manchmal auch am Wochenende.	**While I was on maternity leave I kept my finger in the industry by working from home and sometimes at weekends.**
Ich habe zwar keinen Hochschulabschluss in BWL, aber dafür verfüge ich über sieben Jahre Berufserfahrung im Industriebereich.	**I haven't got a degree in Business but I have got seven years of direct industrial experience.**
Ich glaube schon, dass meine Note hätte besser sein können, ...	**I think I could have got *(BE)*/gotten *(AE)* a better grade, ...**
... aber als gewissenhafter Mensch versuche ich immer, meine frühere Leistung zu verbessern.	**... but being a conscientious person, I always want to improve on my past performance.**
Ich habe damals die falsche Entscheidung getroffen, ...	**I made the wrong choice ...**
...aber ich bin vorwärts gegangen und habe von meiner Fehlentscheidung gelernt.	**.. but I have moved on and learned from my misjudgement.**
Ich habe eingesehen, dass die Selbstständigkeit nichts für mich ist und bin wieder in die ... zurückgekehrt.	**I realized that being self-employed wasn't for me and moved back into the ...**
Im Jahr 2001 habe ich einen anderen Berufsweg eingeschlagen, weil ...	**In 2001 I changed career direction because ...**
... ich mich mehr im ... engagieren wollte.	**... I wanted to become more involved in ...**

Ich denke nicht, dass man etwas beurteilen kann, bevor man es selbst ausprobiert hat.	**I don't believe you can judge something until you have tried it for yourself.**
Wer nicht wagt, der nicht gewinnt.	**Nothing ventured, nothing gained.**

Example

Die Vorstellungsphase: Was antwortet der Kandidat?

Interviewer: Where do you see yourself in five years?

Candidate: I want to start at the grass roots of the business and work my way up to become a professional television journalist.

Interviewer: How do you account for your rather disappointing exam results?

Candidate: I wanted hands-on experience and worked part-time so I didn't have much time to study.

Interviewer: Why do you think you would be suitable for this post?

Candidate: I believe that I have the qualifications, experience and dedication that this post requires.

Info ***Füllwörter:*** Wie in jeder Sprache gibt es auch im Englischen so genannte *filler words* (Füllwörter) wie z.B. **actually/as a matter of fact** *(eigentlich)*; **obviously/clearly** *(es ist doch klar, dass ...)*; **to be perfectly honest ...** *(um ganz ehrlich zu sein ...)*; **to tell the truth ...,** *(um Ihnen die Wahrheit zu sagen ...)* usw. Man benutzt sie, um ein Gespräch ein wenig aufzulockern, um höflicher zu wirken und um die Aussagen nicht so hart erscheinen zu lassen:

Actually, I would like some more time.

Obviously money is an important factor.

As a matter of fact, I was thinking ...

Vocabulary

akademische Arbeit	**academic work**
Anzug	**suit**
auf dem Computer schreiben	**to word-process**
aufsteigen; von der Pike auf lernen	**to work one's way up the ladder**
ausgleichen; wieder gutmachen	**to make up for**
Basis	**grass roots**
bedeuten	**to mean**
Bereitschaft; Bereitwilligkeit	**willingness**
Berufspläne	**career plans**
beurteilen	**to judge**
ein Jahr aussetzen	**take a year out/off**
Eindruck	**feeling; impression**
Engagement	**dedication**
engagieren, sich bei *etwas*	**to become involved in *s.th.***
Ergebnis	**outcome**
Fehlentscheidung	**misjudgement**
gewinnen	**to gain**
gewissenhaft	**conscientious**
krankgeschrieben	**to be on sick leave**
lernen; begreifen	**to take *s.th.* on board *(IF)***
Lücke	**loophole**
mangeln, an; einen Mangel haben	**to lack**
Mutterschafts-/Vaterschaftsurlaub	**maternity/paternity leave**
Nachforschungen; Forschung	**research**
praktische Arbeit	**practical work**
riskieren; wagen	**to venture**
unangenehm; peinlich	**awkward**
verbessern	**to brush up *s.th.***
verbessern, sich	**to improve**
versuchen, sich in *etwas*	**to try one's hand at *s.th.***
vorkommen	**to occur; to crop up**

Quick test 4.7

Versuchen Sie es einmal. Kreuzen Sie die passendste Antwort auf die jeweilige Frage an.

1. What did you gain by taking a year out?

a) ☐ I hadn't had a holiday for two years and needed some rest.
b) ☐ It was a once in a lifetime chance to learn a new language and experience in a different working culture.
c) ☐ Most of the students took a year out and so I felt I wanted to travel as well.

2. Your reference from *Grant & Co.* suggests that you don't like using the computer.

a) ☐ I don't. I try to avoid computers whenever I can.
b) ☐ I believe that we managed perfectly well without computers before.
c) ☐ I don't like technology, that's true, but it plays a central role in business and I now have good computer skills.

3. You were unemployed for six months in 2001 – why was that?

a) ☐ I was unhappy with my job and decided I needed to brush up my skills and try for something new.
b) ☐ I lost my job and it took me a while to find a new one.
c) ☐ That's true. I think most people are unemployed at some stage of their lives.

→ (Lösungsvorschläge siehe S. 94.)

4.8 Wie man das Gespräch gut abschließt und nachfasst *How to end the interview on a good note and summary of the interview*

Jetzt sollten Sie Ihre noch offenen Fragen stellen, besprechen, wie das Verfahren weitergeht, und sich auf ein zweites Gespräch vorbereiten.

Phrases

Wie man das Gespräch gut abschließt:	***How to end an interview on a good note:***
Es hat mich gefreut, Sie kennen zu lernen.	**It's been a pleasure meeting you.**
Ebenso. Bevor wir fertig sind, hätte ich noch ein paar offene Fragen.	**Likewise. Before we finish I still have some unanswered questions.**
Wann etwa werde ich das Ergebnis dieses Gesprächs erfahren?	**When am I likely to hear about the outcome of this interview?**
Gibt es normalerweise eine zweite Vorstellungsrunde?	**Is there usually a second interview stage?**
Werden Sie mich anrufen oder bekomme ich eine schriftliche Nachricht?	**Will I be contacted by phone or will you write to me?**
Wann wäre mein erster Arbeitstag?	**When would the starting date of the job be?**
Wegen des Zeugnisses – da ich noch bei meinem alten Arbeitgeber beschäftigt bin, könnte ich meinen Chef fragen, ob er mir ein Zwischenzeugnis ausstellt.	**About that reference, as I am still in employment, I can ask my boss for an interim reference.**
Wen darf ich hinsichtlich meiner Reisekosten ansprechen?	**Who should I see regarding my travel expenses?**
Wem darf ich die Reisebescheinigungen schicken?	**Who should I send the travel receipts to, please?**

Nachfassen des Gesprächs:	***Summary of the interview:***
Nach unserem ersten Treffen habe ich mir ein paar Notizen gemacht ...	**Following our first meeting, I made some notes...**
... und hätte nun noch gern ein paar Dinge geklärt, die wir letztes Mal nicht angesprochen haben.	**... and would like to ask you some questions which we didn't touch on last time.**
Ist das überhaupt verhandelbar?	**Is that negotiable at all?**
Ich bin mir nicht sicher, was mit ... gemeint ist.	**I'm not sure what is meant by ...**
Könnten wir diesen Punkt noch mal durchgehen?	**Could we go over that point again?**
Der Anfangsvertrag ist auf zwei Jahre beschränkt, nicht wahr? Was geschieht danach?	**The initial contract is limited to two years, isn't it? What happens then?**
Wie würden Sie das Arbeitsklima im Büro beschreiben?	**How would you describe the working climate in the office?**
In welcher Branche von *BTB* werde ich tätig sein?	**Which branch of *BTB* will I be working in?**
Wie lange dauert die Probezeit?	**How long does the probationary period last?**
Würde mein Vertrag im nächsten Quartal beginnen?	**Would my contract begin in the next quarter?**
Werde ich irgendeine Schulung bekommen und kann ich ein Feedback auf meine Arbeit erwarten?	**Will I receive any preliminary training and can I expect some feedback about my work?**
Was sind die Kriterien für die Beurteilung meiner Arbeit?	**What are the criteria for my evaluation?**
Könnten Sie mir meinen Verantwortungsbereich kurz umreißen?	**Could you outline what my responsibilities will be?**
Ist in dem von Ihnen angegebenen Gehalt das erwähnte Reise- und Essensgeld inbegriffen?	**Does the salary you have quoted include the meal and travel allowances you mentioned?**

→ Weitere Redewendungen siehe auch 5.1 Konditionen und Vertragsbedingungen, S. 83ff.

Example

Sie nehmen also Abschied und hinterlassen einen guten Eindruck:

Interviewer: Well. Thank you very much for coming along today. It's been a very worthwhile meeting.

Applicant: It's been a pleasure and I am very impressed with your company.

Interviewer: That's good. Could you imagine working for us, then?

Applicant: Yes, I think if the conditions were right, I'd definitely consider an offer.

Interviewer: Well, stay in touch. We'll let you know within a week. Have a safe trip home.

Vocabulary

Anfangsvertrag	**initial contract**
anführen; zitieren	**to quote**
Angebot	**offer**
angerufen werden	**to be contacted by phone**
Arbeitsklima	**working climate**
Arbeitsumfeld	**working environment**
Benachrichtigung	**notification**
besprechen; erwähnen	**to touch on**
Beurteilung	**evaluation; assessment**
definitiv; auf alle Fälle	**definitely**
durchgehen, *etwas* noch einmal	**to go over a point again**
ebenso	**likewise**
Fuß in *etwas* fassen	**get a foothold in**
Gesprächspunkte; Angelegenheiten	**matters**
in Kontakt bleiben	**to stay in touch**
informieren	**to inform**
Kernfragen	**key issues**
Kriterien	**criteria**
mitteilen, *j-m etwas*	**to let *s.o.* know *s.th.***
Nachfassbrief	**follow-up letter**
Notizen	**notes**

offene Fragen	**unanswered questions**
Probezeit	**probationary period**
Quartal	**quarter**
Schulung	**preliminary training**
sinnvoll; der Mühe wert	**worthwhile**
überdenken; in Erwägung ziehen	**to consider**
verhandelbar	**negotiable; open to discussion**
Verhandlung	**negotiation**
zurückerstatten	**to reimburse**
zustehen, *j-m*	**to be entitled to *s.o.***
zweites Gespräch	**follow-up/ second interview**
Zwischenzeugnis	**interim reference**

Quick test 4.8

Ergänzen Sie die Redewendungen mit dem passenden Begriff aus dem Kasten.

reimburse/touch/outcome/worthwhile/fill in

a) We will get in .... with you next week.
b) It's been a very .... interview.
c) Would you fill in this form so that we can .... your travel expenses?
d) Could you .... this form, please, and sign it?
e) We will let you know the .... of the interview by letter.

→ (Lösungen siehe S. 95.)

Checkpoint B

1. Versuchen Sie die folgenden Fragen des Interviewers ins Englische zu übersetzen bzw. zu beantworten.

a) Tell me about yourself?
Sagen Sie, dass Sie motiviert und zielstrebig sind und gerne in einem Team zusammenarbeiten.

....

....

b) How have you prepared for this interview?
Sie haben die Website recherchiert, mit Angestellten der Firma gesprochen und einige Artikel gelesen.

....

....

c) What would your aims be as a marketing manager of our products?
Sie möchten mit dazu beitragen, dass die Firma auf ihrem Gebiet zum Marktführer wird.

....

....

d) What made you change your career direction in 2000?
Sagen Sie, dass Sie im Jahr 2000 einen anderen Berufsweg eingeschlagen haben, weil Sie sich mehr im Journalismus engagieren wollten.

....

....

e) What did you do in that job?
Sagen Sie, dass Sie von 1996 bis 1999 für die Revisionsabteilung und deren 20 Mitarbeiter verantwortlich waren.

....

....

2. Ergänzen Sie folgenden Text mit den passenden Wörtern aus dem Kasten.

articles/tickets/research/portfolio/suit/letter of application/test/ awkward/CV

I am going to that interview tomorrow for the reporter's job. I have done some **a)** .... about the company on the Internet and I read some **b)** .... in a *Business World* feature last week. I've written my **c)** .... by hand but word-processed my **d)** .... I've got the **e)** .... I need for the train and I've even bought myself a new blue **f)** .... It makes me look very professional. I have prepared some answers because they usually ask lots of **g)** .... questions at interviews. I'm feeling a bit nervous because we have to do a **h)** .... I got copies of all my papers and I've brought my **i)** .... in case they ask to see some of my work. Wish me luck!

3. Übersetzen Sie die folgenden Sätze ins Englische.

a) Ich habe ein Jahr von der Arbeit ausgesetzt, um etwas ganz Neues zu lernen.

....

....

b) 2004 habe ich einen Computerkurs erfolgreich abgeschlossen.

....

....

c) Ich brauchte eine neue Herausforderung.

....

....

d) Ich war unzufrieden und entschied mich, meine Kenntnisse aufzufrischen.

....

....

4. Ergänzen Sie den folgenden Lückentext mit den vorgegebenen Wörtern.

requires/my way up/start at the grass roots of the business/
see yourself/worked part-time/experience/account

Interviewer: Where do you **a)** .... in five years?

Candidate: I want to **b)** .... and work **c)** .... to become a professional television journalist.

Interviewer: How do you **d)** .... for your rather disappointing A-level?

Candidate: I wanted hands-on experience and **e)** .... so I didn't have much time to study.

Interviewer: Why do you think you would be suitable for this post?

Candidate: I believe that I have the qualifications, **f)** .... and dedication that this post **g)** ....

5. Verbinden Sie die die Satzanfänge (links) mit den richtigen Satzerweiterungen (rechts).

1) I have successfully completed
2) From 1996 till 1999 I was
3) I like learning
4) I would welcome
5) I prefer practical

a) to academic work.
b) the opportunity to do further training in this field.
c) in charge of twenty employees.
d) about new technologies and am good with computers.
e) several in-house training programmes specialising in business management.

→ (Lösungen siehe S. 95.)

5 Der Arbeitsvertrag *The job contract*

5.1 Konditionen und Vertragsbedingungen *Terms and conditions of the contract*

Herzlichen Glückwunsch! Sie haben Ihre angestrebte Arbeitsstelle erhalten. Doch jetzt fangen die **negotiations** *(Verhandlungen)* erst richtig an. Überzeugen Sie Ihren Gesprächspartner durch Informiertheit.

Phrases

Ich glaube, dass das Anfangsgehalt für einen ... bei ungefähr ... pro Jahr liegt.	**I believe that the starting salary for a ... is about ... per annum.**
Mit meiner Ausbildung und Erfahrung stelle ich mir ein Anfangsgehalt von etwa ... Pfund vor.	**With my background and experience I'm looking at a starting figure of about ... pounds.**
Gibt es irgendwelche Vergünstigungen bei diesem Job?	**Are there any perks to the job?**
Werde ich mein eigenes Büro bekommen können?	**Will I be able to have a private office?**
Werde ich die Möglichkeit erhalten, meine Sprachkenntnisse einzusetzen?	**Will I have the chance to use my foreign language skills?**
Bieten Sie auch Teilzeitverträge an?	**Do you offer part-time contracts as well?**
Gibt es irgendwelche Sonderbestimmungen im Vertrag, von denen ich wissen sollte?	**Are there any special clauses in the contract I should know about?**
Könnten wir über die Vertragsbedingungen sprechen?	**Could we talk about the terms of my contract?**
Wie sind die Aufstiegsstrukturen und das Beförderungsverfahren in Ihrer Firma?	**What is the career structure and promotion procedure at your company?**

Gibt es eine strukturierte Gehaltsskala ...	**Is there a structured pay scale ...**
... oder werden die Mitarbeiter nach ihren Leistungen befördert?	**... or do employees get promoted on merit?**
Wem gegenüber wäre ich verantwortlich?	**Who would I be answerable to?**
Wann habe ich einen Anspruch auf einen festen Arbeitsvertrag?	**When will I be entitled to a full contract?**
Wie sind die Beförderungs-möglichkeiten?	**What are the promotion opportunities like?**
Werden bei ... zusätzliche Leistungen angeboten?	**Do they offer any fringe benefits at ...?**

Example

Die Verhandlungsphase. Wie Sie das bewältigen können:

Interviewer: Your starting salary will be £1,500 per month.

You: I was hoping that my managerial experience would merit more.

Interviewer: I thought you might say that, but you will receive regular performance based increments.

You: What do you mean by increments, exactly?

Interviewer: Depending on how well you adapt to the job, another £500 by Christmas.

Info ***Money Talks:*** In England oder Amerika ist es normal, über das **gross pay per annum** *(Bruttojahresgehalt)* und nicht das **monthly salary** *(Monatsgehalt)* zu reden.

Vocabulary

Bedingungen	**terms**
Beförderungs-verfahren	**promotion procedure**
Berater für Marketing	**marketing consultant**
berechtigt sein, *etwas* zu tun; Anspruch haben auf *etwas*	**to be entitled to do *s.th.***
Bruttojahres-gehalt	**gross annual pay**

Einkommen	**income**
einstellen	**to employ; to hire**
Erfahrung als Manager	**managerial experience**
Gehalt	**salary *(BE)*; pay *(AE)***
Gehaltsstaffelung	**pay scale**
Gleichberechtigung	**equal opportunities**
Gleitzeit	**flexitime**
leistungsabhängig	**performance based**
Lohn	**wage(s)**
Mindestlohn	**minimum wage**
nach Leistung; nach Verdienst	**on merit**
Nettogehalt	**net pay**
pro Jahr	**per annum**
Sonderbestimmungen/-klauseln	**special clauses**
verantwortlich sein gegenüber *j-m*	**to be answerable to *s.o.***
Vertrag	**contract**
Vergünstigungen; Nebenleistungen	**perks**
Vollzeit-/Teilzeit-	**full-time/permanent; part-time/temporary**
zusätzliche Leistungen	**fringe benefits**
Zuschuss	**increment**

Quick Test 5.1

Welches Wort passt zu welchem Satz? Wählen Sie das richtige Wort aus dem Kasten.

salary/experience/contract/benefits/perks

Interviewer: Could you give me an indication of the starting **a)** .... you expect?

Applicant: With my background and business **b)** ...., around £25,000.

Applicant: What kind of **c)** .... does the company offer?

Interviewer: We offer several **d)**. .... to the right candidate.

Applicant: Will the **e)** .... be a permanent or a temporary one?

→ (Lösungen siehe S. 95.)

5.2 Leistungen des Arbeitgebers
Company benefits and bonus schemes

Welche Sozialleistungen und Versicherungen bietet der Arbeitgeber an? Wie sieht es mit Urlaub und Altersversorgung usw. aus?

Phrases

Wie viele Urlaubstage gibt es?	**What's the holiday allowance?**
Gibt es festgesetzte Ferienzeiten?	**Are there fixed holiday periods?**
Bekomme ich eine von meinen Verkaufszahlen abhängige Provision?	**Do I get paid commission depending on my sales figures?**
Bietet diese Firma eine Gewinnbeteiligung an?	**Does this company operate a profit sharing scheme?**
Gibt es irgendwelche Zuschüsse?	**Are there allowances of any kind?**
Welche Art von Altersversorgung bieten Sie an?	**What kind of pension scheme do you provide?**
Wie hoch ist der monatliche Rentenbeitrag?	**How high is the monthly pension contribution?**
Muss ich mich um meine Krankenversicherung selbst kümmern ...	**Do I have to provide my own health insurance ...**
... oder wird das von der Firma übernommen?	**... or is there a company programme?**
Ist die Teilnahme Pflicht ...	**Is it compulsory ...**
... oder kann man wählen, ob man teilnehmen möchte oder nicht?	**... or can we choose whether we want to participate or not?**

Werde ich mir als Verkaufsmanager einen eigenen Firmenwagen aussuchen können?	**As a sales manager will I be able to choose my own company car?**
Mietet die Firma eine Wohnung für uns?	**Will the company rent a flat for us?**
Werden mir die Umzugskosten erstattet?	**Will my removal expenses be reimbursed?**
Gibt es weitere firmenspezifische Prämien, die wir noch nicht angesprochen haben?	**Are there any bonus schemes particular to this company which we haven't mentioned?**

Info ***Fragetechniken:*** Ein englisches Sprichwort lautet: **It's not what you ask but the way that you ask it.** ***Open-ended questions*** *(offene Fragen)* sind gesprächsfördernd, klingen höflich und dienen dazu, Informationslücken zu schließen, z.B.: **How do you think our sales market will develop?** Eine andere Taktik ist es, ***door openers*** *(Türöffner)* wie **Really? Seriously? Honestly? Is that so?** und **Interesting** oder **Well, I never knew that** zu verwenden. So können Sie das Gespräch auflockern und nachfragen.

Vocabulary

Altersversorgung	**pension scheme**
Beihilfe; Zuschuss	**allowance**
Dienstwagen	**company car**
erstatten	**to reimburse**
Frage; Problem	**issue**
gesetzlich	**statutory**
Gesundheitsvorsorge	**health scheme**
Gewerkschaft	**trade union *(BE)*; labor union *(AE)***
Gewinnbeteiligung	**profit sharing scheme**
Hochsaison	**high season**
obligatorisch	**obligatory**
Prämienlohnsystem	**bonus scheme**
Provision	**commission**
Rente	**pension**
Umzugskosten	**removal expenses**
Urlaubsanspruch	**holiday allowance**
Verkaufszahlen	**sales figures**
verpflichtend	**compulsory**
Versicherung	**insurance**

Quick test 5.2

Jetzt können Sie Ihre Fragetechniken ausprobieren. Benutzen Sie die Kernwörter und stellen Sie die Fragen.
Example: How/think/job market/develop = How do you think the job market will develop?

a) you/stand/do/issue/working mothers?/on the/Where/of
.... ?

b) about/unemployment?/do/feel/problem of/How/you/the
.... ?

c) think/Why/managers?/you/women/good/do/are
.... ?

d) you/What/do/kind of/pension scheme/provide?
.... ?

e) we want/or/to participate/compulsory/choose/Is it/whether/can we/or not?
.... ?

→ (Lösungen siehe S. 95.)

5.3 Den Arbeitsvertrag unterschreiben *Signing the contract*

Für diese Phase gilt der englische Spruch: *Don't sign on the dotted line until you've read all the smallprint. That's where the truth lies.* (Unterschreiben Sie nichts, bis Sie das Kleingedruckte gelesen haben. Darin liegt die Wahrheit.)

Phrases

Die Probezeit dauert maximal sechs Monate, oder?	**The probationary period lasts for a maximum of six months, doesn't it?**
Hier steht, dass diese Stelle nur auf zwei Jahre befristet ist.	**It says that this post is only a temporary one over two years.**
Gibt es danach die Möglichkeit, die Frist zu verlängern?	**Will there be any possibility of extending it after that?**

Profitanteile gehören zur Firmenpolitik, nicht wahr?	**Profit sharing is company policy, isn't it?**
Wie viele Urlaubstage stehen mir dieses Jahr zu?	**How many days holiday will I be entitled to this year?**
Wozu genau verpflichtet eigentlich die Vertraulichkeitsrichtlinie?	**What exactly does the confidentiality policy entail?**
Werde ich freiberuflicher Arbeit nachgehen können, solange sie weder diese Firma noch ihre Konkurrenten betrifft?	**Will I be able to do any freelance work as long as it doesn't affect this company and its competitors?**
In dieser Klausel wird festgeschrieben, ...	**It stipulates in this clause that ...**
Ist das wahr?	**Is that true?**
Es stimmt doch, dass mir eine Beförderung zusteht, wenn ich meine Verkaufsquote erfülle?	**It's true that promotion is guaranteed if I fulfil my sales quota, isn't it?**
Ich denke, dann ist alles in Ordnung. Ich unterschreibe doch hier, oder?	**I think that's all settled then. I sign here, don't I?**

Grammar Wenn man auf Englisch etwas nachfragen will, wird oft ein ***question tag*** *(Frageanhängsel)* angehängt. Auf diese Weise wirkt die Frage sanfter und höflicher. Der ***question tag*** wird auf das Verb abgestimmt und im bejahten Satz verneint (und umgekehrt). Bei Sätzen mit Hilfsverben wird das Hilfsverb verneint; bei Sätzen mit Vollverben wird **do/does/did** verwendet:

The job *doesn't* involve a lot of travel, *does* it?

The profits showed a 10% increase, didn't they?

Vocabulary

Abgemacht./ Alles in Ordnung.	**That's settled.**
Arbeitslosengeld	**unemploy-ment benefit**
Arbeitsstunden	**working hours**
auf wöchent-licher Basis	**on a weekly basis**
beanspruchen; Anspruch gel-tend machen	**to claim**
festschreiben; bestimmen	**to stipulate**
gegenzeichnen	**to countersign**
Kleingedrucktes	**smallprint**
Verkaufsquote	**sales quota**
verpflichtet sein, *etwas* zu tun	**to be obliged to do *s.th.***
Vertraulichkeits-richtlinie	**confidential-ity policy**

Quick test 5.3

Jetzt sind Sie dran. Ergänzen Sie diese Fragen mit den richtigen *question tags*.

a) You can work flexitime here, ...?
b) These people are part of the sales team, ...?
c) You will let me know soon, ...?
d) This position does follow a career structure, ...?
e) You don't allow smoking in the office, ...?
f) I will have a chance to meet the Head of Department later, ...?

→ (Lösungen siehe S. 95.)

Checkpoint C

1. Welches Wort passt zu welcher Definition?

1) The period of time in a job before you get a permanent contract.
2) Extra money that you get to pay for meals and travel.
3) The most important matters to be discussed.
4) When people meet to discuss something and try to reach an agreement.
5) When somebody judges what you have done and gives an assessment.

a) expenses
b) key issues
c) negotiation
d) probation
e) evaluation

2. Wie heißt das zu der jeweiligen Definition passende Wort? Lesen Sie die Definitionen und finden Sie das richtige Wort im Kasten.

accept/pension/wages/turn down/smallprint/flexitime/
signature/contract

a) It is the money you are entitled to when you retire: ....
b) It is the small writing at the bottom of most contracts: ....
c) It is the word used to describe working hours that aren't fixed:
....
d) It is the name of the document you sign before you begin your job:
....
e) It is the money that's usually paid on a weekly basis: ....
f) It is what you write on the dotted line: ....
g) It's the term used when you say 'yes' to a job offer: ....
h) It's the term used when you say 'no' to a job offer: ....

3. Übersetzen Sie diese Redewendungen zum Arbeitsvertrag.

a) Könnten wir über die Vertragsbedingungen sprechen?
....
....

b) Wie sieht es mit der Altersversorgung aus?
....
....

c) Gibt es sonst noch Zuschüsse?

....

....

d) Wie viele Urlaubstage stehen mir zu?

....

....

e) Wozu verpflichtet eigentlich die Geheimhaltung?

....

....

4. Sie sprechen mit Ihrem zukünftigen Chef über Ihre Arbeitsbedingungen. Ergänzen Sie dieses Gespräch über Ihre Zukunft.

Boss: So, what are your plans as our new sales manager?
You: *Sie wollen die Verkaufszahlen steigern.*
a) ....

Boss: How about your young team?
You: *Sie wollen Ihr Team motivieren.*
b) ....

Boss: What about your future plans?
You: *Sie wollen Erfolg für die Firma und eine Beförderung.*
c) ....

Boss: You're very ambitious, aren't you?
You: *Wer nicht wagt, der nicht gewinnt.*
d) ....

→ (Lösungen siehe Seite 95.)

Lösungsschlüssel

1.1 Allgemeine Fragen zu Tätigkeiten

a) What do you do?/What line of business are you in?
b) Is it an interesting job?
c) Do you work freelance?/Are you self-employed?
d) Is it an international organisation?

1.2 Erste Erkundigungen am Arbeitsmarkt

a) I work as a sales assistant for a catering company in Munich.
b) No. It's an Italian company with headquarters in Milan.
c) No. I'm responsible for sales within Great Britain.
d) Here's my business card. Could I have yours too, please?
e) You're welcome. I hope to hear from you soon.

1.3 Kontaktaufnahme mit der Personalabteilung

a) Could you put me through to the personnel department, please?
b) Could you speak a bit more slowly, please?
c) Could you repeat that, please?
d) Could you spell your surname, please?
e) Could you send me some information about the company, please?

1.4 Namen und Adressen am Telefon austauschen

a) Good morning. This is Michael Nert. I'd like to speak to Mr Daniels in the personnel department, please.
b) My name is Michael Nert. I'm calling about the marketing position advertised in *Executive Magazine*.
c) Good morning, Mrs Jameson. My name's Michael Nert. Could you give me some more information about the marketing position with *Digitech?*
d) I've got a degree in marketing and I've been working for *Netcable Communications* in their press office since graduating from university last year. I'm looking for a new challenge.
e) Yes, of course. Do you think you could send me some information about *Digitech?* I'd like some examples of how you market your products.
f) My first name is Michael. That's M-I-C-H-A-E-L, and my surname is Nert and it is spelt N-E-R-T. My address is ... and the postcode is ... .

2.1 Die Initiativbewerbung

1) f; 2) e; 3) d; 4) c; 5) b; 6) a

2.2 Das Bewerbungsschreiben

1) experienced; **2)** comprehensive; **3)** requirements; **4)** background; **5)** degree; **6)** fluent; **7)** literate; **8)** responsibilities; **9)** CV; **10)** flexibility; **11)** specified; **12)** opportunity; **13)** reply; **14)** sincerely

2.3 Der Lebenslauf und der Personalbogen

1) c; 2) e; 3) d; 4) b; 5) d; 6) b; 7) a

Checkpoint A

1.
1) f; 2) d; 3) g; 4) b; 5) e; 6) a; 7) c

2.
a) What do you do for a living?/What's your job?
b) What line of business are you in?
c) Do you work freelance?

d) What kind of products does your company make/produce/manufacture?
e) Where are your company headquarters?/Where is your head office (based)?

3.
a) I'm calling about your advert in the *New York Times*.
b) I've got five years hands-on experience in this field.
c) I speak fluent Danish and Swedish.
d) Not really. Could you send me some brochures, please?
e) Could we perhaps arrange a date for an interview?

4.
1) c; 2) b; 3) a

5.
a) Human Resources; **b)** freelance; **c)** application form; **d)** head office; **e)** Enclosures

3.1 Bestätigung und Terminvereinbarung

a) confirm; **b)** meeting; **c)** rearrange; **d)** attend; **e)** change; **f)** regarding

3.2 Fragen zur Anfahrt

a) on; **b)** into; **c)** over; **d)** at; **e)** through; **f)** by; **g)** to

3.3 Fragen zum Ablauf des Gesprächs und zu Einstellungstests

a) details; **b)** format; **c)** facilities; **d)** an individual test; **e)** take place

4.1 Begrüßung und Small Talk

1) d; 2) c; 3) e; 4) f; 5) a; 6) b

4.2 Motive für Ihre Bewerbung

a) reliable; **b)** good sense of humour; **c)** angry; **d)** sensitive; **e)** sensible

4.3 Schule und Ausbildung

a) I passed my MA with an excellent degree.
b) I have a joint degree in Business and Management.
c) I took a diploma in Office Management and got a distinction.
d) I spent my gap year working my way around Australia.
e) I studied French, though I majored in Business Studies.

4.4 Berufserfahrung und beruflicher Werdegang

1) a) worked; **b)** to focus; **c)** be convinced
2) a) I've applied; **b)** a track record; **c)** second to none
3) a) I'm working; **b)** to bring; **c)** international customer base

4.5 Stärken und Fähigkeiten betonen

a) I am looking for a chance to broaden my horizons.
b) I would welcome the opportunity to do further training in this field.
c) I am used to negotiating within European business cultures.
d) I am highly motivated and able to work under pressure.
e) I enjoy working in a team or by myself.

4.6 Zusatzqualifikationen

a) I enjoy/I like playing …; **b)** I speak fluent English …/I am very good at English …; **c)** The fact that I've worked/lived in …; **d)** I'm (currently) taking/doing a course in …

4.7 Weiße Flecken und knifflige Fragen

1) b; 2) c; 3) a

4.8 Wie man das Gespräch gut abschließt und nachfasst

a) touch; **b)** worthwhile; **c)** entitled; **d)** fill in; **e)** outcome

Checkpoint B

1.

a) I am motivated, ambitious and enjoy working as part of a team.

b) I have researched your website, spoken to some company employees and read some articles.

c) I want to make the company market leaders in their field.

d) In 2000 I changed career direction because I wanted to become more involved in journalism.

e) From 1996 till 1999 I was responsible for the auditing department and in charge of twenty employees.

2.

a) research; **b)** articles; **c)** letter of application; **d)** CV; **e)** tickets; **f)** suit; **g)** awkward; **h)** test; **i)** portfolio

3.

a) I took a year out to try my hand at something completely different.

b) I successfully passed a computer course in 2004.

c) I needed a new challenge.

d) I was dissatisfied and decided to brush up my knowledge.

4.

a) see yourself; **b)** start at the grass roots of the business; **c)** my way up; **d)** account; **e)** worked part-time; **f)** experience; **g)** requires

5.

1) e; 2) c 3) d; 4) b; 5) a

5.1 Konditionen und Vertragsbedingungen

a) salary; **b)** experience; **c)** benefits; **d)** perks; **e)** contract

5.2 Leistungen des Arbeitgebers

a) Where do you stand on the issue of working mothers?

b) How do you feel about the problem of unemployment?

c) Why do you think women are good managers?

d) What kind of pension scheme do you provide?

e) Is it compulsory or can we choose whether we want to participate or not?

5.3 Den Arbeitsvertrag unterschreiben

a) can't you?; **b)** aren't they?; **c)** won't you?; **d)** doesn't it?; **e)** do you?; **f)** won't I?

Checkpoint C

1.

1) d; 2) a; 3) b; 4) c; 5) e

2.

a) pension; **b)** smallprint; **c)** flexitime; **d)** contract; **e)** wages; **f)** signature; **g)** accept; **h)** turn down

3.

a) Could we talk about the terms of my contract?

b) What kind of pension scheme do you provide?

c) Are there allowances of any kind?

d) What's the holiday allowance?

e) What exactly does the confidentiality policy entail?

4.

a) I want to increase our sales figures.

b) I want to motivate my team.

c) I want success for the company and I want to be promoted.

d) Nothing ventured, nothing gained.